抗日英雄小故事 系列

赵一曼

周东升　汪铮 / 主编

王名磊 / 编著

团结出版社

图书在版编目（CIP）数据

赵一曼 / 王名磊编著.--北京：团结出版社，
2014.12（2021.9重印）
　（抗日英雄小故事系列 / 周东升，汪铮主编）
　ISBN 978-7-5126-2991-2

Ⅰ.①赵… Ⅱ.①王… Ⅲ.①赵一曼（1905～1936）
-传记-青少年读物 Ⅳ.①K825.2-49

中国版本图书馆CIP数据核字（2014）第174969号

出　版：团结出版社
　　　　（北京市东城区东皇城根南街84号　邮编：100006）
电　话：（010）65228880　65244790（出版社）
　　　　（010）65238766　85113874　65133603（发行部）
　　　　（010）65133603（邮购）
网　址：http://www.tjpress.com
E-mail：zb65244790@163.com（出版社）
　　　　fx65133603@163.com（发行部邮购）
经　销：全国新华书店
印　刷：天津兴湘印务有限公司

开　本：670毫米×960毫米　16开
印　张：9
字　数：83千字
版　次：2014年12月　第1版
印　次：2021年9月　第4次印刷

书　号：978-7-5126-2991-2
定　价：29.80元

目　录

抗日英雄

赵一曼

抗日英雄
小故事

第一章 卓然不群幺妹子

第一节 抗争从裹脚开始

一

赵一曼本名不叫赵一曼，而叫李坤泰，赵一曼是她参加革命后使用的化名。

1905 年 10 月 25 日深秋时节，赵一曼出生在四川宜宾县一个叫白杨嘴的村子里，对只有几户人家的村子来说，她们家算是富裕的。父亲李鸿绪是一个封建地主，从小喜欢中医，后来常为乡里乡亲看病，深受人们尊敬。而且，父亲还捐钱买了一个叫"监生"的文凭，那可是当时最高学府国子监的文凭，是步入仕途的通行证，让很多人都羡慕不已。

生在如此优越的家庭里，赵一曼应该是很幸福的了，然而事实并非如此，她所面对的成长环境，就像她出生时的那个季节一

抗日英雄

赵一曼

样，秋风萧瑟，万物荒凉，百废待兴。那么，这又是一种怎样的环境呢？

1905 年前后的中国，可以说是处于水深火热之中。自 1840 年英国对清政府发动鸦片战争以来，六十余年间，腐朽的晚清王朝一直萎靡不振，面对外国侵略者不是割地就是赔款，致使人民的生活越来越艰难。许多事实表明，统治了中国几千年的封建专制制度，再也不能给古老的中华民族注入新鲜血液了。

因此，面对停滞不前的社会局面，中国急需一场大的变革，来推动社会的进步和发展。

赵一曼出生的那一年，1 月，在中国领土上进行的日俄战争以俄国战败结束，日本实际控制了中国东北的广大地区，加深了中国人民的苦难；8 月，在日本留学的中国学生正式成立同盟会，发起人孙中山先生提出三民主义，举起了彻底反帝反封建的旗帜；9 月，清政府宣布废除延续了 1300 多年的封建科举制度，从而彻底断绝了读书人通过科举考试做官的唯一途径，为新式教育的发展提供了有利条件。

就是在这样风雨激荡的年月，赵一曼出生了。

所谓时势造英雄，不平凡的时代注定要造就不平凡的人，她日后的命运，就像当时变幻莫测的时代一样，并不会因为生于富贵的封建家庭而一帆风顺。恰恰相反，当她看到普通民众遭受的苦难后，心中的革命斗志被激发了出来，进而走上了一条血雨腥风的抗战之路。

当然，走上革命道路是在赵一曼逐渐懂事以后，这之前的她也曾有过天真烂漫的时候。在短暂的童年时光里，她尽情享受着封建大家庭无忧无虑的富裕生活，相对来说还是比较快乐和幸福的。

二

赵一曼在宜宾白杨嘴村的家背靠青山，面临河流，环境十分幽静美丽。她家的房子建在半山腰上，由三间阔气的堂屋和几间雅致的厢房组成，她就出生在东边的一间厢房里。走出厢房，站在院子里，周围的景色尽收眼底：房前屋后栽满了竹子和鲜花，一条结实的青石板路顺着山势蜿蜒而下，消失在清澈的溪流边。

在这么一个封建大院落里，自然不只赵一曼一个孩子。她还有一个大哥、五个姐姐和一个弟弟。因为是六个女孩儿中最小的一个，所以按照四川话的习惯，父母都喊她"幺儿"。幺儿出生的时候，父亲李鸿绪就给她取了个乳名叫淑端，大概是希望她以后能够成为一个端庄贤淑的大家闺秀吧，只是没想到志向高远的幺儿后来竟成了有名的抗日英雄。

幺儿小的时候不愁吃不愁穿，每天唯一能做的就是到处玩儿。因为家在农村，周围有山有水，有爬虫，有飞鸟，所以就有了无穷的乐趣。吃饱了饭，小一曼就跑到屋后的竹林里去捉虫子，或者去屋前的河里摸鱼，有时学学鸟叫，有时采摘野花，编个花篮，淳朴的大自然养成了她率真直爽的性格，邻居们都说幺儿有点像男孩子呢。

性格有点像男孩子的小一曼非常讲义气，她总是为受到欺负的小伙伴打抱不平。有时面对比她个子高很多的孩子，也是毫无惧色，一副拼命架势，直到对方认输求饶才肯罢休。也因此，常有人到李鸿绪夫妇面前告状，说幺儿为了伸张正义和自己家的孩子打得不可开交，为此她没少受批评。

不过，父亲李鸿绪还算是一个比较开明的知识分子，他不会刻意去约束幺儿的性格，而是更加注重引导和教育。到了小一曼上学的年龄，父亲在家里办了一个私塾，请了一位教书先生，给小一曼和村里其他几个爱学习的孩子教授文化知识。这时，小一曼有了一个比较正式的学名，叫李坤泰。

在私塾里，老师教的依然是千百年来的启蒙读物《三字经》《百家姓》《千字文》等书目，这时的小一曼虽然还不认识多少字，但记忆力却很好，总是能够很快地背下来。当她把这些课文都背熟了之后，又没有新的东西可学，就开始在课堂上捣起乱来。有时她会在课桌抽屉里摆弄一下自己养的春蚕，有时会看看书包里捉来的蜻蜓或蝴蝶有没有闷死。

有一次，她捉了一只知了装进书包里，没想到在老师讲课的时候知了唱起歌来了，严厉的老师知道后罚她第二天背诵圣贤书《增广贤文》，背不出就要挨板子。本来，老师是想借此机会好好教训一下顽皮的小一曼，让她不再那么顽皮，但没想到第二天小一曼竟然非常流利地背了出来，这让老师在无可奈何的同时，也暗暗佩服小一曼的聪明，于是鼓励她要好好读书，把心思都放在学习上。

渐渐懂事的赵一曼开始收敛起贪玩的本性，爱上了读书。

除了老师教的那些四书五经之外，她还偷偷跑到父亲的书房里，去读一些更加有趣的文章，其中她最喜欢的，要数唐诗宋词了，这在当时也就算是课外读物吧。有一次，她看课外读物正兴致勃勃时，被父亲发现了，不过父亲并没有责怪她，而是慈爱地说："幺儿，你虽是女儿身，却有男孩子一样的性格和志向，这很好。你要多读有用的书，将来为国家效力。"

赵一曼牢牢记住了父亲的话，开始更加努力地读书。可是好景不长，两年后父亲就因病去世了，父亲去世后，大哥李席儒成了一家之主。大哥当家后，不再让她上学读书，也禁止她出去玩耍，并说女孩子要讲三从四德，这样放任自流下去以后可怎么嫁人，同时大哥还叮嘱母亲要严加管束赵一曼。

不过，自小性格就非常倔强的赵一曼根本不理会这些，她依然以自己的方式坚持学习，与封建家庭礼教进行着顽强的抗争。

三

在赵一曼刚五岁的时候，按照当时的风俗，母亲蓝明福开始准备给她裹脚。裹脚是封建社会流传下来的一种陋习，就是用布帛把女孩子的双脚紧紧裹起来，裹成"三寸金莲"，不让其生长。在当时，这是大多数人的一种审美观念，母亲蓝明福就有一双标准的三寸金莲小脚。

可是赵一曼并不想裹脚，她见过母亲的小脚，虽然看上去小巧精致，但走起路来颤颤巍巍极不方便，如此一来就只能待在家里，根本出不了远门。

母亲找来裹脚布，以及三寸金莲绣花鞋，极力劝说小一曼："女孩子家不裹脚怎么行呢，不裹脚长大后是嫁不出去的，没有人喜欢大脚的姑娘。"然而，生性要强的小一曼宁愿以后嫁不出去也不愿裹脚，无论母亲怎么劝说，她就是不肯屈服。母亲实在没办法了，就找来大嫂，两人一起按住小一曼，这才勉强把脚给裹上。

被一层一层布紧紧裹起来的脚极不舒服，钻心的疼让小一

曼差点哭出来，但她始终咬着牙没有哭。等到母亲走后，她就拿起剪刀三下五除二剪断了裹脚布，剪碎了绣花鞋。这是小一曼第一次反抗封建礼教的胜利，虽然母亲知道后很生气，但当时开明的父亲还没有去世，有父亲的支持，小一曼更加有勇气来对抗这些不合理的封建习俗了。

父亲去世后，家里再没有人支持赵一曼的想法了，母亲又把裹脚的事提了出来。母亲说："幺儿，你也不小了，再不裹脚以后就裹不了了，不裹脚要被人家笑话的。"

这时的赵一曼十岁多了，通过学习已经间接地接触到了一些外面的新知识，因而对裹脚这种旧习俗更加深恶痛绝。一双好好的脚，被裹得那么小，永远像个小孩子的脚似的，不但走不快，还容易摔倒，干家务活也不方便，这样的脚有什么好的，要是敌人打进来了，连逃命都是问题，更别说杀敌了。当时的赵一曼不明白，怎么会有人喜欢这样的小脚。

母亲看到赵一曼仍然不肯裹脚，就叹口气说："这可是几百年来祖先们留下的规矩，只要是女孩子都要裹脚的，不裹脚成何体统，祖宗的规矩可不能坏在我们这里呀！"

赵一曼语气坚决地说："我不会裹的。好的规矩和传统我自然赞同，也值得保留，可裹脚这样的陋习，为什么还要坚持保留呢？"

母亲见说不过她，就只能认死理："你不裹也得裹，只有这样以后才能够嫁一个好人家，过上幸福的生活。"

赵一曼说："用摧残自己的脚来换取幸福，这样的幸福生活我宁可不要。"

母亲见劝说也是徒劳，就不说什么了。到了夜里，母亲依旧找来大嫂，还有一个女佣，一起把尚在睡梦中的赵一曼按在床上，强行裹了脚。从梦中惊醒的赵一曼又痛又气，但又不好说什么，等母亲、大嫂和女佣出去后，她立马就找来剪刀把裹脚布剪了个粉碎。第二天，当母亲看到满地的碎布片后，气得脸都白了。

很快，村里人都知道了赵一曼死活不愿裹脚的事，大家都笑话她，说她不像个女孩子，以后怕是没人要咯。对于邻居们

抗日英雄

赵一曼

的冷嘲热讽，赵一曼倒是无所谓，但母亲和大哥的面子上就过不去了。

自从父亲去世后，家里的一切事情都由大哥李席儒掌控着。李席儒不学无术，整天就知道赌博抽大烟，除此没啥本事，不过，要说摆起家长的架子来，他还真有一套。听说小妹死活不愿裹脚，他的火气就冒了出来，二话不说就给了赵一曼一个耳光。

赵一曼心里感到憋屈极了，对大哥喊道："这样的家我再也不愿待下去了，我要去外面读书。"大哥厉声说道："你想读书，门都没有，你乖乖地把脚裹了，以后好嫁个富贵人家，大家都享享福。"赵一曼冷冷地说："做你的美梦去吧，我就是不裹！"这可惹恼了李席儒，他举起拳头作势要向赵一曼打去，亏得有母亲拦住了，不然还不知道后果如何。

母亲为了拦阻李席儒，不小心被推倒在地，赵一曼看在眼里痛在心里，她默默地扶起母亲，和母亲一道对抗着严酷的家长李席儒。在赵一曼的一再坚持下，大哥终于放弃了让她裹脚的想法，只是依然不让她去读书。

就这样，在反抗封建礼教陋习的过程中，赵一曼取得了初步的胜利，这一胜利给了她极大的鼓舞，使她为日后走上革命和抗战道路积聚了能量，做好了准备。她那双没有被摧残的自然而健康的双脚，将带领她踏上更加广阔的天地，走出属于她自己的英雄传奇。

第二节 遇见革命引路人

一

在整个大家庭里，赵一曼最佩服的人除了父亲外，就要数大姐夫郑佑之了。

大姐夫郑佑之可以说是赵一曼小时候的偶像，他和大哥完全不一样，他不抽烟、不喝酒、不赌博，也不逛妓院，是一个非常开明的新式知识分子。他五岁时便进入私塾接受启蒙教育，长大后又考入成都农业学校学习科学知识，只是还没等毕业，就投笔从戎，参加了讨伐袁世凯称帝的护国军。护国运动胜利后，他回到四川宜宾，积极开展革命工作，宣扬新潮思想。

赵一曼的大姐李坤俞嫁给郑佑之后，总是受到婆婆的挤兑和刁难，郑佑之看不惯，就把妻子从家里接出来，过起了两个人的小日子。那时候，大多数的男子都还奉行着女子无才便是德的训诫，动不动就打老婆，而郑佑之早已不这么做了，他和妻子相敬如宾，恩爱有加，不仅不限制妻子的自由，而且还教妻子读书识字，给妻子讲国家兴衰之事，灌输自由平等和为国为民的思想。

郑佑之每次到赵一曼家来，是赵一曼最为开心的时候，因为大姐夫总是有那么多新鲜的事讲给她听，什么林则徐虎门销烟啦，邓世昌抗击倭寇啦，都能让她听得如痴如醉，神往不已。而最让她入迷的，则是大姐夫讲的关于鉴湖女侠秋瑾的故事。

秋瑾是清朝末年非常著名的革命人士，自小性格豪爽，喜欢武艺，长大后更是文武兼修，留学日本。她蔑视封建礼教，提倡男女平等，留学回来后，经人介绍加入了著名的同盟会和光复会等革命团体，此后便一心一意投入到革命运动当中，以推翻腐朽的晚晴统治为己任，四处奔走，不惧生死。1907 年，秋瑾和另一位著名革命人士徐锡麟组织光复军，以"光复汉族，大振国权"为口号发动起义，不幸失败被捕，英勇就义。临死前，面对敌人的严刑拷打，她只说了一句"秋风秋雨愁煞人"，意思是她所处的时代就像风雨飘摇的秋天一样，真正愁死人了。

听了女侠秋瑾的英勇事迹后，赵一曼心中对这位性格和自己有几分相像的女侠充满了敬佩之情，她暗暗立志，长大后也要成为一个像秋瑾一样的英雄人物，上阵杀敌，为国为民。大姐夫在给她讲秋瑾事迹的时候，还给她读了一些秋瑾的诗歌作品，比如下面这首：

> 万里乘风去复来，只身东海挟春雷。
>
> 忍看图画移颜色，肯使江山付劫灰。
>
> 浊酒不消忧国泪，救时应仗出群才。
>
> 拼将十万头颅血，须把乾坤力挽回。

诗的大概意思是：我乘风破浪，只身远渡重洋追寻革命理想。面对着绵延万里的锦绣江山，怎么忍心看到它变为废墟灰烬啊。借酒不能浇愁，挽救时局还应该依仗各路英豪。只要能力挽狂澜，让国家富强，哪怕抛头颅、洒热血，牺牲万千将士也在所不惜。

这是何等豪迈，何等的大气磅礴啊！赵一曼被这种气势深深地感染了。秋瑾，这位赵一曼无缘得见的女侠，很快就成了她学习的榜样。没事的时候她便找来秋瑾的诗歌读，其中比较喜欢的诗句有《宝剑歌》里的"锋芒未露已惊世，养晦京华几度秋""斩尽妖魔百鬼藏，澄清天下本天职"，以及《满江红》里的"身不得，男儿列；心却比，男儿烈"等。

可以说，在赵一曼日后走向革命的历程中，女侠秋瑾起了很大的作用。投身革命后，赵一曼也像秋瑾一样喜欢写诗言志，表达自己为国为民，抗击日本侵略者的决心，她诗中的豪言壮语很有几分女侠的气势。

抗日英雄
赵一曼

二

自从父亲过世后，大哥李席儒便不再让赵一曼上学了，不过这并没有阻止赵一曼强烈的求知欲，恰在这时，学识渊博的大姐夫郑佑之出现了。

大姐夫除了给赵一曼讲鉴湖女侠秋瑾等革命人物的英雄

事迹外，也给她讲国文、算数、外语等新知识，为此还专门给她弄来了一本新字典和一套教科书，每次讲完课还要给她留作业，以提高她独立思考的能力。赵一曼呢，也不再像以前那样贪玩，她把一天都安排得满满的，上午学习课本上的知识，下午写作业，晚上还要写一篇日记。到了周末大姐夫来时，她就把作业交给大姐夫批改。

此时，赵一曼还不知道，她这个知识渊博的大姐夫，其实是一名早期的共产主义革命者。早在 1911 年，孙中山领导的辛亥革命推翻了清王朝的统治，中国从此开启了和平民主的新纪元；1917 年，俄国爆发了震惊世界的十月革命，无产阶级建立起了世界上第一个社会主义国家。俄国十月革命的胜利，给中国送来了马克思主义，当时一批接受了社会主义思想的先进知识分子，便成了早期的共产主义革命者，郑佑之就是其中的一个。

赵一曼慢慢发现，大姐夫在给她讲课之余，总是喜欢看一些报刊，看得如痴如醉时，还会在上面圈圈点点。只是，大姐夫却从没有给她说过报刊上有些什么内容。出于好奇，赵一曼偷偷翻看了这些报刊，原来是《新青年》《民报》和《民国日报》等进步报刊。她读了几篇上面的文章，文章里经常出现的两位德先生和赛先生引起了她的极大兴趣，通过大姐夫在旁边做的批注，她才知道德先生和赛先生指的是民主和科学，和文章中的新文化、新道德一样，都是革命运动的指导思想。

当时的赵一曼才十二岁，大姐夫之所以不给她讲《新青年》这些报刊上的文章，大概是觉得她还小理解不了吧。确实，赵一曼读了这些文章后，也觉得晦涩难懂，有些迷迷糊糊，但这并没有让性格倔强的赵一曼退缩，每当她读了新的文章后，对不懂的问题都要琢磨半天，有时也会向大姐夫请教，渐渐地，她的思想意识和理解力都得到了很大提高。

1918 年 11 月，第一次世界大战结束，1919 年 1 月，中国作为战胜国成员参加了在法国召开的巴黎和会。在会上，中方代表提出，外国列强应该废除在中国划分的势力范围，以及不平等条约"二十一条"等，然而巴黎和会却拒绝了中方的这一合理请求，在 4 月 30 日签订的《凡尔赛合约》上，竟然将山东从德国手里转让到了日本手里。

消息传到中国后，激起了国内进步人士和学生们无比的愤怒。5 月 4 日这天，三千多名学生代表打着"还我青岛""收回山东""废除二十一条""抵制日货"以及"外争国权，内惩国贼"等口号，不顾北洋政府军警的阻拦，走上天安门广场的街头，举行了声势浩大的游行示威。在学生们强烈的要求下，参加巴黎和会的中方代表最终没有在合约上签字，北洋政府也惩处了卖国贼曹汝霖等人，这就是历史上著名的"五四运动"。"五四运动"的初步胜利，极大地激发了人们追求和平、民主和自由的思想，更多的进步报刊如雨后春笋般涌现出来。

这时的赵一曼，虽然还只是一个有些革命思想的懵懂少女，但受到五四思潮的影响，她小小的内心初次有了走出去的欲望，她希望有一天能够像发起"五四运动"的学生们一样，走上街头，高呼口号，为国家、为人民争得应有的权利。而且，大姐夫给她看过一些画片，她从画片上了解到，外面的世界是那么大、那么精彩，于是暗下决心：一定要走出白杨嘴村。

三

赵一曼的大姐夫郑佑之是一个积极的革命分子，受到"五四运动"的影响，他觉得很有必要让更多人接受新式教育，特别是愚昧落后的家乡人，都应该学习新文化新思想，为革命运动尽一份力。本着这样的想法，他卖掉所有家当，离开了县城，前往赵一曼外婆家所在的柳高村办起了高等小学，自己出任校长。

学校办起来后，赵一曼的小弟、侄儿、侄女都到新办的学校上学去了，她也很想去，于是再次找到大哥李席儒，表达了这一想法："哥，我要去柳高村小学念书。"

没想到李席儒还是那句话："念书，念书，一天就知道念书，念书能有啥用？你一个女孩子家，找一个好婆家才是正事。你都十几岁了，快到了出嫁年龄，还整天想着往外跑，也不知羞。你给我记着，女子无才便是德，这句古训是不会错的，乖乖在家里待着吧！"

听了大哥的话，赵一曼非常气愤，说道："可读书是我的权利，你不能剥夺我的权利啊！"

李席儒冷笑一声说："权利？我是家长，只有我才有这个权利。你一个女孩子家，目无尊长，啰里啰唆，真是烦人。"

赵一曼不服气地说道："就算你有权利也不能限制我的自由！给我点学费，让我去读书，我就再也不会烦你了。"

这次，李席儒瞅都没瞅她，不耐烦地说："我没钱供你上学。"

赵一曼不甘心就这么放弃，据理力争道："你抽大烟、打麻将花那么多钱，我读书才能用几个钱？再说了，父亲留下的家产也有我的一份。"

听到小妹说中了自己的要害，李席儒恼羞成怒，对赵一曼吼道："说没钱就是没钱，哪那么多废话，小心我揍你。"

赵一曼毫无惧色，昂起头说道："你打啊！你打啊！"

李席儒举起拳头作势要打，但面对比自己小很多的幺妹，拳头终于没有落下去，只是"哼哼"了两声，趿拉着拖鞋摔门而去了。

这天晚上，受尽委屈的赵一曼躺在床上怎么也睡不着觉，她不由得想起了自己的几个姐姐。在她的几个姐姐中，大姐和二姐所嫁的都是进步的知识青年，因而备受呵护，比较幸福。

相比之下，三姐和四姐就有点惨了，三姐本来颇有才华，奈何嫁了一个粗暴迂腐的丈夫，受尽折磨抑郁而死，四姐则在媒妁之言下嫁给了一个疯子，也是备受折磨，不知道以后的出路在哪里。赵一曼想来想去，总觉得女孩子要想过上好日子，唯一的出路就是多学知识，自立自强，自己把握自己的命运。可是如今，大哥李席儒不仅不让她读书，而且连门都不让她出，这可真是急死人了。

赵一曼忧心如焚，憋屈难当，一连几天下来，终于病倒了。她每天头疼脑热，发烧流汗，晚上一睡着就开始说梦话，可愁坏了母亲蓝明福。然而，这是心病，即使请了大夫来也是无济于事。眼看着自己的闺女越来越憔悴，母亲也只能干着急。

俗话说心病还得心药医，就在这个时候，大姐夫郑佑之来了。大姐夫看到幺妹憔悴的面容，关切地问道："听说你病得很重，有时还吐血，好些了吗？"

赵一曼委屈的泪水终于忍不住流了下来，哽咽着说："大姐夫，我这是憋屈的呀，只要能有书读，就啥事也没有了。可如今大哥连门都不让我出，我该怎么办呢？"

大姐夫安慰赵一曼说："幺妹，你就安心在家养病，回县城后我会定期给你寄一些进步报刊来，等到时机成熟了，我定会劝服大哥让你去读书的。"

听了大姐夫的话，赵一曼这才破涕为笑。郑佑之回去后，很快就给赵一曼寄来了许多进步书刊，包括《妇女周刊》《平民周报》《救国周刊》《觉醒》等，同时还给她写信，鼓励她"不要灰心，不要怄气，不忙逃走"，学好知识，做好革命的思想准备才是当务之急。

此后的一段时间里，赵一曼为了不让大哥发现，便悄悄躲在房子里，或跑到屋后的竹林里，一心一意地阅读大姐夫寄给她的报刊，每每看得热血沸腾。不知不觉中，她的阅读范围也扩大了，无论是革命理论、西方哲学，还是"五四运动"后出现的新诗，都能让她如痴如醉。大姐夫甚至还弄到了《共产党宣言》这种在当时非常绝密的材料寄给她，通过读这些先进的理论，她对人生、社会和外部世界有了一个全新的认识。

1921 年，中国共产党正式成立，1922 年，郑佑之到成都参加了社会主义青年团，不久就加入了共产党。加入共产党后，郑佑之给赵一曼写信说："你有个性，有自己的思想，且从不屈服于社会的压迫，是一个革命的难得人才，我现在介绍你加入共产主义青年团如何？"赵一曼自然是求之不得的，于是在 1923 年冬，经大姐夫郑佑之介绍，赵一曼正式加入了共产主义青年团。

这时的赵一曼已年近十八岁了，通过几年的自我学习，思想渐趋成熟，也初步掌握了革命的理论，走上革命道路是顺理成章的事儿。从此，她将和一大批志同道合的革命者一起，反抗封建残余和外国侵略者，开创属于自己的辉煌。

第二章　誓死为国不为家

第一节　发起妇女解放会

一

赵一曼加入中国社会主义青年团后，接触到了更多的革命新思想，视野也变得更加开阔。当时有一首很流行的革命歌曲，叫《国际歌》，赵一曼就非常喜欢其中的两节：

起来，饥寒交迫的奴隶！

起来，全世界受苦的人！

满腔的热血已经沸腾，

要为真理而斗争！

……

从来就没有什么救世主，

也不靠神仙和黄帝！

要创造人类的幸福，

全靠我们自己！

这首歌是大姐夫郑佑之教给她唱的，学会之后，有事没事她都会哼上几句。"要为真理而斗争""全靠我们自己"，虽是简单朴实的两句话，却道出了她内心最热切的渴望，她已认定，这就是以后自己奋斗的目标。

由于家里管得太严，所以为了不让大哥发现自己在从事革命活动，赵一曼总是找借口去二姐李坤杰家里。二姐家所在的村子叫曾家湾村，离白杨嘴村不远，在几个姐妹中，二姐和她是最亲的，两人总是有很多话说。"二姐，你晓不晓得，在北京、上海这些大城市，都已经成立妇女会啦，广大的女同胞们团结起来要求男女平等呢！"赵一曼神秘兮兮地对二姐说，二姐听后立马来了兴趣，没想到小妹知道的还挺多，便问道："幺妹，这你都是咋个知道的呀？" "从报纸上看来的呗。"赵一曼不假思索地答道。就这样，你一句我一句，姐妹俩聊了许多关于男女平等、革命斗争的事，越聊越投机。

没过多久，在赵一曼的影响下，李坤杰也加入了中国社会主义青年团，姐妹俩周围开始聚集起了许多受过教育的青年女子。看到时机渐趋成熟，赵一曼突然有了一个大胆的想法，她要像北京、上海那些思想先进的女子一样，联合志同道合的女同胞们成立一个"妇女解放同盟会"，当她把这个想法告诉大姐夫郑佑之和二姐李坤杰时，得到了两人的大力支持。

可是，要想在封建思想根深蒂固的乡村组织起这样一个新式协会，谈何容易啊！为了说动广大的妇女都参加进来，赵一曼和李坤杰主动去帮村子里的妇女们干农活，和她们摆龙门阵，告诉她们男女之间是平等的，大家都有受教育的权利，只有有了文化知识，才能维护自己的合法权益，不再受丈夫和公婆的打骂虐待……渐渐地，姐妹俩的游说起了作用，越来越多的农村妇女认清了自己所处的家庭和社会地位，成了志同道合的革命分子。

抗日英雄
赵一曼

　　一切准备就绪后，"白花场妇女解放同盟会"终于在1924年12月成立了，李坤杰当选为会长，白花场的曾大姐当选为副会长，赵一曼担任文书。成立大会上，赵一曼当着上百多人的面发表了演讲，这可是她第一次面对这么多人呢，她慷慨激昂地说道：

　　"姐妹们，谁说咱们女子不如男，从古到今，女子里还是出了许多英雄的，古有替父从军的花木兰，今有鉴湖女侠秋瑾，她们都不顾封建礼教的束缚，为国为民，做出了很大的贡献。"

　　"然而，一直以来，大多数的妇女却没有勇气挣脱封建枷锁，甘愿做家庭的牺牲品。过去人们总讲三从四德，什么在家从父，出嫁从夫，夫死从子，完全把我们当成了男人的附属品，一点儿尊严和地位都没有。这还不算，男人们不仅娶三妻四妾，还要强迫女人们缠足，摧残我们的身体，又何曾体谅过我们的痛苦。"

"现在时代已经不同了，我们广大的妇女同胞应该团结起来，和封建势力作斗争，争取我们应有的权利和幸福。"

赵一曼越说越激动，到最后甚至挥舞着拳头呼喊道："姐妹们，我们不要压迫，我们不做待宰的羔羊，姐妹们，我们要挺直腰杆站起来，自己做自己的主人！"

一席话讲完，雷鸣般的掌声便响了起来。由于赵一曼说出了广大妇女的心声，越来越多的女同胞开始加入妇女解放同盟会中，会员一度达到了一百八十多人。之后，在大姐夫的帮助下，赵一曼等人还在白花场开办了一所义务学校，教女孩子和年轻的妇女们学习文化知识，做有思想、有个性、有追求，能够独立自主的人，这在整个宜宾地区都是前所未有的事儿，算是开了风气之先，走在了时代发展的前列。

二

白花场妇女解放同盟会和义务学校的创办，给了当地妇女追求平等、自由生活的极大勇气，许多人的眼界也变得开阔了，思想逐渐发生了变化。然而，赵一曼等人的这一举动由于威胁到了封建统治者的地位，开始不断遭到家长们的骚扰和攻击，以大哥李席儒为代表的李氏家族，更是觉得她"背宗忘祖""败坏门风""大逆不道"，要对她严加管教。

"我们李家祖上一向都是安分守己的人，从没有做过违法乱纪的事，也没有出过败坏门风的姑娘，你家幺妹子年纪轻轻，不缠足，也不守闺房，不做女红，尽干些丢人现眼的事，真是辱没祖宗啊！"一个年长的族长责备李席儒道。

"是啊，这样下去幺妹子迟早是要闯祸的，俗话说男大当婚、女大当嫁，我看啊，还是尽早给她找个婆家嫁出去才是正事，让公婆好好管教管教。"另一个族人也附和道。

在几个族人你一言我一语的鼓动下，李席儒决定，立马给赵一曼找一个婆家。消息传出去后，许多贪恋赵一曼美色的男人开始蠢蠢欲动，但大多数是有色心没色胆的，只有少数几个不惧赵一曼刚烈性格的男人，请了媒人，到李家提亲。

赵一曼知道这事后，非常恼怒。她现在已经是一个社会主义青年团员了，晓得自己的婚姻该由自己来做主，而不是听什么父母之命媒妁之言。再说了，提亲的那些男人，好几个都是封建守旧分子，有几个她甚至都不认识，要让自己嫁给这样的人，岂不是自寻死路么！

于是，当媒婆又一次出现在大门口时，赵一曼拿一把藿麻拦在了门口，义正词严地说道："你听着，媒婆，我要嫁什么样的人我自己心里有数，用不着你来瞎操心。现在是一个讲求独立自主的时代，我的事我做主，我的婚姻哪能让你们拿来做买卖！"几句话，呛得媒婆愣是无法回应，嘴里嚷着"现在的女孩子真是不得了"，灰溜溜地走了。这之后，再没有媒婆敢上门提亲了。

媒婆走后，赵一曼找到大哥李席儒，对他说："在封建社会，女儿的婚姻都要经过父母之命媒妁之言，可如今已是民主社会，每个人都有追求自己幸福的权利。我知道，你是怕我从事革命活动会给家里带来麻烦，我也想好了，只要你把我的嫁妆钱给我，让我去读书，我就再也不会牵连你了。"

可是，一向专制而凶狠的大哥对赵一曼的请求根本不予理睬，蛮横地说道："有我在，你哪儿也别想去，老老实实在家待着，我会给你选一门好的亲事！"

面对李席儒这样一位专制的大哥，赵一曼虽然非常气恼，但也无可奈何。她回到自己房里，把门从里面关死后，拿起《妇女周刊》读了起来。这时，周刊上一个"疑难问题解答"的板块让她眼前一亮，她突然有了一个想法，那就是把自己遭受的不公平待遇写成文章，投稿到"疑难问题解答"板块，让广大的读者来为她主持公道。

很快，赵一曼就写了一篇名为《被兄嫂剥夺了求学权利的我》的文章，洋洋洒洒三千多字，署上笔名李一超后寄给了《妇女周刊》。《妇女周刊》是当时非常有影响力的报刊，一直致力于宣扬妇女解放和革命运动，著名文化大家陈望道、沈雁冰（茅盾）、邵力子等都曾担任过主编。1924 年第 49 期上，赵一曼那篇控诉封建家长专制统治的文章被刊登了出来，只见她在文章中慷慨激昂地写道：

"全世界的姊妹们，请看我的家庭是何等的守旧！是何等的黑暗！我自生长在黑暗家庭中，十数载以来，没有见过丝毫的光亮。阎王似的家长哥哥把我关在那铁篱城中，受那黑暗之苦。……同胞的姊妹们呀，读书就是不好的风俗？只有上海、北京才有吗？就是只有上海、北京才有，难道就学不得吗？读书既不是好风俗，又有什么才是好风俗？唉！……唉！同胞的姊妹们呀，我走到这步田地，真是要死不生了。除了整日以泪洗面外，更无别法了。本来他磨我那些难题，我并不怕，奈何他不许我出门，我就没办法了！……请全世界的姊妹们和女权运动者，帮我设法，看我如何才能脱离这个地狱家庭，如何才能完成独立？"

这篇文章是对封建思想和礼教的一次有力的出击，发表后引起了很大的反响，一时间全国各地的热心青年纷纷寄来声援信件，支持赵一曼与封建礼教抗争到底，并欢迎她到上海等地求学，"如果你能离家求学，我们愿意在经济上帮助你"，有人这样写道。大家的热情给了赵一曼很大鼓励，她心潮澎湃，斗志昂扬，对未来充满了憧憬。

没过多久，好消息传来了，大姐夫郑佑之在几经辗转之后，总算为赵一曼联系好了宜宾女子中学，说她可以去那里读书。赵一曼知道后，真是悲喜交集，喜的是她终于能上学了，悲的是要离开慈爱的母亲，心里很不是滋味。临走前的夜里，她和母亲聊了很多，关于妇女的苦难，关于自己的追求，母女俩相拥而泣，依依不舍。

第二节　离家求学搞运动

一

1926 年农历正月初五，刚过 20 岁的赵一曼离开白杨嘴村，踏上了前往宜宾县城求学的征程。这一天，趁着大哥李席儒不在家，她和母亲做了最后的告别，母亲泪眼婆娑，千叮咛万嘱咐，让她的心里一阵阵酸楚。话别母亲后，她先是来到曾家湾的二姐李坤杰家，然后由二姐和二姐夫陪着，前往宜宾找大姐夫郑佑之。

长这么大了，赵一曼还是第一次去宜宾县城，想到即将要开始的新生活，她内心忍不住浮想联翩。宜宾当时叫叙府，是一座著名的历史文化名城，号称万里长江第一城，无论是经济还是文化都已经比较发达了，许多的爱国知识分子聚集在这里，办学校，兴实业，宣扬新思想。在城里的几所新式中学里，

赵一曼前往求学的宜宾
女子中学，居然还是川
南的第一所女子师范学
校呢。

到了宜宾后，赵
一曼由大姐夫安排，住
进了县团委书记郑则龙
位于武庙街的郑家大院
里。郑则龙有两个妹妹，
分别叫郑秀石和郑奂

如，都是受过新式教育的女孩子，美丽大方，举止优雅，和赵
一曼一见如故，很快三人就成了形影不离的朋友。此前，赵一
曼基本是在家自学，所以数学和国文不太好，郑家姐妹知道后，
非常热心地帮她复习课程，使她的学习成绩很快跟了上来，达
到了宜宾女子中学的入学标准。

元宵过后的正月十六，赵一曼正式考入了宜宾女子中学，
并和郑秀石分在了同一个班，两人高兴极了。在班上，赵一曼
虽然穿着朴素，但举止大方、性格爽朗，而且思想活跃、谈吐
不俗，所以很快就和同学们打成了一片，成了学生们的焦点。
不久，学校成立共青团支部，考虑到赵一曼热情能干、正直勇
敢，就推选她当了支部委员。后来她又被选为学生会委员，作

为宜宾女子中学的代表出席叙府学校联合会，并荣幸地当选为了学联常委，分管宣传工作，至此她已经成长为一个独当一面的学生运动领导者了。

当时，北京和上海一些大城市的女学生为了反抗封建礼教，把长长的发辫剪了，留起了齐耳长的短发。这股清新的剪辫风很快就刮到了宜宾女子中学，赵一曼于是和同学们也谋划着要剪掉辫子，梳起短发。不料消息传到了县教育局局长赵舜臣的耳朵里，赵局长立即颁布告示：女学生不准剪辫子，违反者从学校除名！

然而，赵一曼才不管这一套呢，她就是要和封建礼教反抗到底！在其他同学都还在犹豫不决的时候，她果断拿出事先准备好的剪刀，咔嚓一声剪去了发辫，剪成了齐耳短发，由此成了宜宾历史上第一个剪成短发的女学生。其他女同学看到赵一曼毫无畏惧，受到鼓舞，也一个个剪掉了发辫。短短几天内，宜宾女子中学的校园里就全是齐耳短发的女学生了。面对这种情况，教育局局长赵舜臣也是无可奈何，只能不了了之。

此时的赵一曼，俨然成了宜宾地区女学生们的榜样。在剪辫风波后不久，震惊中外的"五卅运动"爆发了，赵一曼又一次站在了革命运动的风口浪尖上。

1925 年 5 月 15 日，上海内外棉纱七厂日本资本家借口入不敷出，关闭工厂，停发工人工资，共产党员顾正红带领工人前去和资本家理论，要求复工发工资，不料却遭到日本资本家开枪射击身亡，另有十多人受伤。事发后，中共中央召开紧急会议，决定于 5 月 30 日在上海租借举行反对帝国主义的示威游行。

30 日上午，上海工人、学生等 2000 多人走上街头，高呼"打倒帝国主义""收回外国租界"等口号进行示威游行，结果又遭到了英国巡捕惨无人道的枪击，造成二十多人死亡，其中有学生四人，被捕一百五十多人，其中有学生四十余人，这就是历史上著名的"五卅惨案"。

"五卅惨案"发生后，举国震惊，各个城市的有志之士们纷纷站出来，结成反帝统一战线，工人罢工、商人罢市、学生罢课，声援上海运动，就此拉开了大革命的序幕。

很快，这股革命的浪潮就席卷到了宜宾，宜宾各个学校的学生联合起来，组织"五卅运动"后援会开展斗争，赵一曼被选为了后援会妇女干事。她一马当先，带领宜宾女子中学的同学们走上街头，高呼着"打倒列强""打倒军阀"等口号，贴海报，做演讲，宣传革命思想。

赵一曼等人的这些行动，融入到全国反帝反封建的革命浪潮中，极大地推动了革命的进程。

二

1926 年夏，北伐战争开始，大革命进入了高潮部分。早先，在辛亥革命推翻清王朝后，中国政权逐渐落入了北洋军阀的手中，各个军阀对内不断争战，对外则不断向英日等列强国家妥协，使得社会陷入了一片混乱，民众怨声载道。在"五卅运动"的推动下，中国国民党联合共产党组成国民革命军，开始了以推翻北洋军阀统治为目的，反帝反封建的北伐战争。

那时，为了响应北伐战争，到处都在抵制洋货，一场轰轰隆隆的"仇货运动"就此展开了。赵一曼所在的宜宾学联也组织起宣传队，沿街演说揭露北洋政府和外国侵略者的罪行，进一步推动了"仇货运动"的发展。

六月初的一天，宜宾学联接到通知，说奸商李伯衡贩运洋

油的商船将于 6 月 12 日抵达宜宾，希望能够阻止。得到这一消息后，宜宾学联立即成立了指挥部，由赵一曼负责宣传工作。赵一曼动员学生们说："这些年来，帝国主义侵略者在我国大肆掠夺土地和资源，残酷杀害同胞兄弟姐

妹，真是是可忍孰不可忍！如今奸商李伯衡竟然帮着帝国主义贩卖洋油，同学们，我们能坐视不管吗？"

"不能！绝对不能！"同学们义愤填膺地说道。

"抵制洋货，打倒帝国主义，绝不让奸商的油轮停靠宜宾！"在赵一曼的动员下，同学们个个摩拳擦掌，准备随时出击。

6月12日这天，整个宜宾县城笼罩在一片雨雾之中，按理说是一个不宜出行的日子。然而就在王爷庙码头附近，却聚集了两千多名爱国师生，等待着一艘商船的到来。宜宾学联主席邵斌指挥着同学们用竹筐搬运石头，沿江岸布下岗哨，赵一曼和好友郑秀石等人则奔走在队伍中间，鼓舞着士气。

没多久，奸商李伯衡装满洋油的货轮驶入了王爷庙码头附近的水域。随着油轮的靠近，岸上突然响起了同学们震耳欲聋的口号声："打倒帝国主义及其走狗""抵制洋油""打倒奸商，自立自强"！

不识时务的李伯衡继续冒险前进，这时学联主席邵斌一声令下，两千多名师生纷纷拿起了事先准备好的石头，噼里啪啦向油轮扔去。在这样的雨天，一块块石头犹如从天而降的冰雹，砸得船上的油桶都变了形。至此，李伯衡才把船退到了江心，然而却不离去。

接下来的三天，雨越下越大，不过同学们并没有退缩，他们分批次轮流监视着油船，让李伯衡一点儿靠岸的机会都没有。

抗日英雄小故事

李伯衡作为宜宾有名的富商，自然也不甘心认输，他趁学生们不注意，派两个手下带了几箱子白银，乘小船上岸，去请城防司令辜勉之帮忙。第四天，得到辜勉之保护承诺的李伯衡，又一次把船驶进了王爷庙码头。这天值守的，正是赵一曼和宜宾女子中学的师生们，她见油轮靠近，便大喊着口号，指挥同学们做好应战准备。

然而，就在赵一曼她们准备再次用石头攻击的时候，江边突然响起了枪声，原来是辜勉之的城防军来了。

一个军官模样的人走过来，恶狠狠地说："一群学生娃娃在这闹啥闹，乖乖回去上课，老子的枪可是不长眼睛的。"

赵一曼一听怒了，呵斥道："你们还是不是中国人，咱们的领土和资源都快被帝国主义抢光了，你们不去打日本人美国人，却来对付自己人，算什么军人。"

军官听后恼羞成怒，对着天空"砰砰砰"放了三枪，威胁道："你再胡说八道，煽动学生闹事，小心老子把你们都抓起来！"

赵一曼毫无惧色，大义凛然地说道："我们这是正义的爱国行动，怕什么？我们就是要赶走外国侵略者，抵制洋货，这样才能救中国，你别阻碍我们。"

这时，赵一曼身边的同学们怕赵一曼被抓，纷纷挥舞着拳头，高喊着口号，冲上去围住了军官。慌乱的军官命令士兵们朝天又乱放了一阵枪，这才得以脱困。脱身后的军官气急败坏，让士兵扣押了三个谈判代表，并抓走了许多同学。

宜宾学联知道这事后，立即组织学生到城防司令部请愿，把司令部围了个水泄不通。然而，城防司令辜勉之不仅不放人，还放出狠话说："别人演得惨案，我也演得，学生是一定要严惩的。"辜勉之的话激起了民众的愤慨，宜宾的市民们纷纷罢工罢市，支持学生的爱国运动，掀起了反帝爱国运动的高潮。期间，赵一曼更是带领着同学们到处演讲、贴标语，呼吁人们联合起来支援学生，消息传出去后，全国各地声讨辜勉之的信像雪片般飞来。

迫于强大的舆论压力，辜勉之不得不释放被捕的学生，而奸商李伯衡也答应了学生提出的条件：此次贩运来的洋油一律以七折拍卖，并保证以后不再贩卖洋货。这场斗争，终于以爱

抗日英雄

赵一曼

国学生的胜利告一段落。

经过了一系列学生运动的考验，赵一曼的斗争经验日益丰富起来，思想也越来越成熟，完全具备了入党的条件。1926年夏天，在优秀共产党员尹绍洲等人的介绍下，她正式加入了中国共产党，成了日益壮大的革命力量的一分子。

第三节　进入黄埔军分校

一

宜宾学联"抵制洋油"运动的胜利，让城防司令辜勉之颜面扫地。为了挽回面子，他指示宜宾教育局，让所有中学和师范类学校提前放假，并且撤换了宜宾女子中学的校长。新校长是一个不学无术的傀儡，新学期开始后，便叫人贴出告示："近来学生嚣张已达到极峰，指挥叫嚣者有之，非从严甄别不足以整顿校风。兹决定李淑宁（赵一曼在女子中学读书时的名字）等十三人毋庸来校。"

就这样，赵一曼最终还是离开了宜宾女子中学。

当时，北伐战争节节胜利，全国人民欢欣鼓舞，国共合作下的宜宾国民党党部为庆贺胜利，成立了中山中学。中山中学是一所比较前卫的学校，开启了宜宾县城男女学生同校的先河，学校的教师既有国民党员，也有共产党员和团员。中山中学一成立，赵一曼便和其他几个被女子中学开除的学生进入了该校学习。

　　一天，赵一曼翻看《新蜀报》，看到了一则黄埔军校的招生启事，立马来了兴致。黄埔军校全名叫国民政府中央陆军军官学校，是一所由革命导师孙中山先生创办的，以培养革命干部为主的军事学校，先后培育出了许多著名的将领，名满海内外。时值北伐战争的黄金时期，为了培养更多优秀人才，黄埔军校在武汉成立了分校，并第一次面向全国招收女学生。

　　赵一曼把自己想报考武汉黄埔军分校的想法告诉了宜宾党组织，党组织考虑到赵一曼近来在革命运动中的优秀表现，

抗日英雄

赵一曼

决定保送她到黄埔军分校学习。

1926 年 11 月，赵一曼和段福根等几个女同学离开宜宾，坐船前往重庆参加黄埔军分校的初试。离别的码头上，有前来送行的二姐李坤杰，以及无数女子中学和中山中学的同学。大姐夫郑佑之怕承受不了离别之痛，没敢前来，只是把仅有的二十几块银圆托李坤杰转给了赵一曼。船开了，送行的人唱起了《别离歌》：今朝离别天、离别天，离别好心酸；终夜泪不干、泪不干，相会在何年？各人珍重道路远，地各天涯难相见……

听到这样的歌声，赵一曼一阵阵伤感，不禁又想起了前不久去世的母亲。母亲去世时，她无限悲痛，连夜写了一篇祭文，其中有一句"封建制度不推翻，男女平等是空谈"的话。自懂事起，她就致力于反抗封建制度和帝国主义，为此没少让父母操心，如今敬爱的父母都去世了，她已没有多少牵挂，可以放心大胆地奔赴革命前程了。

到了重庆，赵一曼参加了黄埔军分校四川区的初试，并顺利通过考试。此次通过考试的同学共 207 人，其中就有赵一曼、段福根、游曦、胡兰畦、陈德芸等 30 多名女生。通过初试的同学们再次乘船沿长江而下，终于在这年年底到达了黄埔军分校所在地武汉。

这一时期的武汉，聚集了一大批来自五湖四海的有志青年，报考军校的人数显然超过了计划招生人数。于是学校决定，进行一次复试，只录取那些最优秀的人。复试在著名的两湖书院进行，包括文化考试和体格检查，赵一曼再次通过了考试，正式成了武汉黄埔军分校的学员。

1927 年 2 月，包括赵一曼在内的 213 名女生正式入学，开始了在黄埔军分校的学习。她们中，有的是大学生，有的是中学生，有些已做了母亲，有些还裹过脚，年龄和文化程度都不尽相同。然而，正是共同的革命理想和信念，让她们挣脱封建枷锁，走到了一起。

她们将一些学习，一起战斗，一起谱写革命年代的传奇。

二

1927 年 2 月 12 日，是黄埔军校武汉分校开学的日子。这

一天，赵一曼和男同学们一样，穿着笔挺的军装，戴着军帽，束着腰带，打着绑腿，并肩站在整齐的队列里，参加了开学典礼。出席开学典礼的有宋庆龄、何香凝、郭沫若、邓演达、恽代英、谭平山等著名的革命人士。

赵一曼以前读报纸，总能看到这些革命前辈的英勇事迹，她曾梦想着能够成为像他们一样伟大的人。如今，亲眼见到了他们的风采，她心中满是激动与自豪，同时也感到了责任的重大。几位革命前辈都发表了讲话，而让她印象最为深刻的，是孙中山先生的夫人宋庆龄女士。宋女士当天穿了一身格子布旗袍，端庄大方、风采动人，其讲话更是热情洋溢、鼓舞人心。

当时，黄埔军分校的挂名校长是蒋介石，实际职权主要由邓演达代理。学校的教官里，有许多是共产党员，如任政治部主任的施存统，任文书的陈毅，任政治教官的恽代英、沈雁冰（茅盾）、李达、李汉俊等，以及担任政治大队队长的徐向前，担任女生队指导员的彭漪兰、钟复光等人。

值得一提的是，中国共产党力排众议成立的女生队，是"破天荒的大事，是中国教育史上的创举"，不仅培育出了黄埔军校历史上唯一的一期（第六期）女生队学员，而且还造就了中国近现代革命中的第一代女军官。

开学后，新生要先接受三个月的入伍教育。女生队被细分为了三个中队，九个区队，每个区队三个班，设置了指导员。

在以往几期学员中，是没有指导员的，这也算是对女生队的特别优待了吧！学校的纪律是相当严格的，生活节奏也非常快，每天早上军号一响，学生们要立马起床，在十分钟内完成穿衣、洗漱、叠被等事，而且被子要叠得方方正正，摆在床中间。

女生队当时住在两湖书院东首的一栋两层楼里，楼上是宿舍，楼下是食堂，起了床，便下楼吃饭。吃饭也不能含糊，要非常快才行，因为只要队长吃完了，其他同学就必须起立，学员若还没有吃完就要挨批。学员们每天的作息是朝五晚九，中间除了吃饭外几乎没有时间休息，非常艰苦。

学校的教学主要有政治思想教育、战略战术和实践教学两部分，每天八节课，四节理论课，四节实践课。理论课的内容包括孙中山的三民主义、马克思列宁主义、建国方略、社会学和经济学原理，以及战术学、兵器学、地形学、筑城学和实地测图等。在女生队里，赵一曼积极主动，聪慧好学，很快就掌握了这些理论知识，各科考评均为"优秀"，加上她爱钻研，很受教官们的青睐。

不过，真正考验女生队的，要算是实践教学了，且不说每天早晨十五公里的拉练，光是列队、投弹、进攻，以及如何使用手枪、步枪、机枪进行各类射击等训练，就够她们忙活的了。作为一个女生，赵一曼以前可是只知道读书的，从来都没有真枪实弹地演练过，如今全副武装进行高强度训练，总算让她体会到了什么才叫吃苦耐劳。她是一个从不屈服的女生，不管多

041

抗日英雄

赵一曼

么艰苦，都会咬牙坚持，力求第一。在一段时间的刻苦训练后，她不仅掌握了点射、连射、立射、跑射和卧射等各种射击技能，而且成绩还名列前茅呢。

不知不觉，已是阳春三月了，一天，学校组织新生们到野外进行实战演习。女生队里，由赵一曼担任尖兵，负责在队列最前面侦察敌情，她带领队员们一会儿卧倒、一会儿匍匐、一会儿又跑步前进，就像真的在打仗一样。

前进到一个山坳里时，赵一曼忽然发现附近有几只小羊在吃草，样子可爱极了，她不忍心打扰，就停了下来。这时，只听队长低声吼道："赵一曼，'敌人'就快要攻过来了，你干吗停下来？"赵一曼委屈地说："前面有小羊在吃草，不忍心打扰它们。"队长哭笑不得地说："这是在野外的战场上，不

是出来玩的，你这样只会暴露大家的目标。"演习结束后，赵一曼受到了严厉的批评，并以违反纪律被罚站了十分钟。

晚上回到宿舍，赵一曼进行了深刻的自我检讨，认识到自己并没有把实地演习当真，太过儿戏了，这样下去终会吃败仗的，一定要引以为戒。从此以后，她更加严格要求自己，再也没有违反过纪律。

1927 年 4 月，正当北伐战争节节胜利的时候，国民党反动派却在密谋策划清党活动，这一举动使得革命形势急转直下，国共合作走向了破裂。当时，取得了国民党军政大权的蒋介石，为了实现自己军事独裁的野心，开始清党反共，排除异己，制造了震惊国人的"四·一二"反革命政变。

其实，早在 2 月的一次演讲中，蒋介石就表露出了这种倾向，他说："我是中国革命的领袖，并不仅是国民党一党的领袖，共产党是革命势力之一部分，所以共产党员有不对的地方，有强横的行动，我有干涉和制裁的责任及其权力。" 随着北伐战争中国中共产党影响力的日益强大，蒋介石再也坐不住了。

4 月 12 日这天，上海笼罩在一片恐怖的气氛中。凌晨时分，随着停泊在上海租界高昌庙军舰上的一声号响，反动派们事先找好的青洪帮流氓打手，臂缠袖标，冒充工人，纷纷从租界里

043

抗日英雄
赵一曼

冲出来，向闸北、沪西和浦东等14处的工人纠察队发起了袭击。不久，蒋介石收编的国民革命军第二十六军赶来，以解决工人内讧为名，收缴工人纠察队枪支1700多支，打死打伤纠察队员300多人，逮捕工人无数。

事发后的第二天，上海20多万名工人举行了大罢工，抗议反动派的暴行。当天下着大雨，无数市民冒雨游行，前往位于宝山路的第二十六军司令部请愿，要求释放被捕工人。没想到的是，当群众行至宝山路附近时，竟遭到了反动派士兵的伏击，一时间枪林弹雨，死伤者不计其数。在接下来的两天里，反动派军队占领了上海总工会和工人纠察队总指挥处，大肆搜捕并杀害共产党员，先后又有300多人被杀，500多人被捕，5000多人失踪，优秀共产党员萧楚女、汪寿华、陈延年、李启汉等不幸牺牲。

上海"四·一二"反革命政变发生后，其他的一些省市也开始以清党为名，对共产党和革命群众进行迫害，伟大的马克思主义者李大钊就此英勇就义。4月28日，从大革命中分裂出去的蒋介石及其追随者，成立了南京国民政府，与尚在国共合作中的武汉国民政府相抗衡。只是没多久，武汉国民政府的领导者汪精卫也叛变了革命，和南京国民政府汇合一处，开始反共，迫害革命群众。

在严酷的现实面前，武汉的黄埔军分校决定组织起一支宣传队，由赵一曼率领着，向武汉各乡镇的群众宣讲共产党的和平主张，以揭穿反动派的阴谋。那段时间里，赵一曼顾不得炎热，每天穿街走巷去做宣传，到后来由于过度劳累竟患上了肺病，住进了医院。

5月中旬，原革命军十四师师长夏斗寅在蒋介石的策动下，开始由宜昌向武汉发动进攻，当时武汉只有卫戍司令叶挺一个师的兵力，形势迫在眉睫。为了增强革命力量，黄埔军分校决定把学校的男生队和女生队合编为中央独立师，由叶挺领导，其中女生主要负责救护和宣传。

"这两百名娘子军，也要像男兵一样全副武装起来，和男兵并肩作战。"党组织领导如是说。

听到这一消息后，赵一曼顾不得病痛，立即返回学校，请求加入中央独立师。学校考虑到她肺病还未好，再三劝阻，然而此时的赵一曼决心已定，在她的一再请求下，最终被编入了宣传队。

就这样，赵一曼和她的同学陈德芸、游曦等一同踏上了讨伐夏斗寅的征程。一路上，赵一曼等人极力宣扬共产党的政治主张和革命思想，揭露反动派阴谋，争取扩大革命力量。在她们的动员下，途经乡镇的村民们多次为中央独立师带路，打探消息，帮助军队拦截敌人军需物资，为西征的胜利做出了莫大的贡献。

然而，此次出师虽然取得了胜利，但国内革命的形式早已急转直下。7月12日，汪精卫在武汉发动"七一二"反革命政变，大肆屠杀共产党人，一时间恐怖气氛弥漫到了全国各地。在武汉的黄埔军分校里，许多教官和学生为求自保，宣布退出中国共产党，就连政治部主任施存统也在《中央日报》上发表声明，宣布脱离共产党。这时的学校，已俨然成了国共两党学生公开对抗的是非之地。

一些意志不坚定的同学，纷纷脱下军装，放弃学业，回家避难去了。这期间，赵一曼收到二姐李坤杰的来信，说外面形势严峻，太过危险，让她赶紧回家去。彼时，同乡段福根等人也已经准备好返乡了，并劝赵一曼一同回去。

去还是留，是一个严肃的问题。赵一曼反复思量起来：自己不畏强权逃脱封建家庭，不远万里追随革命，如果就这样不了了之地回去，岂不是前功尽弃了吗？既然选择了革命，那么就要"路漫漫其修远兮，吾将上下而求索"啊！于是她决定，无论多么艰难，都要追随革命追随党，不信等不来胜利。

决心已定，赵一曼写信给二姐李坤杰和大姐夫郑佑之，说自己会继续革命，请他们放心。她去码头送别了回家的段福根等同乡后，就又返回学校，加入了由第四革命军参谋长叶剑英改编的军官教导团，连夜东进，征讨反革命分子。

第三章　革命时期遇真爱

第一节　游学巧遇陈达邦

一

汪精卫在武汉发动"七一五"反革命政变后，共产党为了保存革命火种，开始有组织地疏散转移革命力量。正是在这种情况下，赵一曼跟随第四军军官教导团离开了黄埔军分校，乘船前往九江、南昌一带。

不料到九江时，赵一曼肺病发作，只得暂时离开大部队，隐藏在一户农人家里养病。等肺病好转之后，她伪装成逃难的农妇，乘船来到了当时革命形势十分严峻的上海。在上海，为了不被国民党反动派发现，她以佣人和家庭教师的身份作为掩护，很快和党组织取得了联系。

就在赵一曼辗转到上海的时候，著名的南昌起义和秋收起义爆发了。1927 年 8 月 1 日，由周恩来、朱德、叶挺、刘伯承等中共人士领导的革命军队，打响了武装反抗国民党反动派的第一枪，从而开启了中国共产党独立领导武装斗争和创建军队的序幕，后来的建军节便是由此而来。一个月后的 9 月 9 日，在毛泽东"枪杆子里出政权"的思想指导下，中国共产党又发动了秋收起义，但由于敌强我弱，秋收起义和南昌起义一样，遭受了很大挫折。为了保存革命力量，毛泽东在三湾村对部队进行了著名的"三湾改编"后，率军来到了井冈山茨坪，从而开创了中共领导下的第一个农村革命根据地。

南昌起义和秋收起义爆发后，深感不安的国民党反动派开始疯狂反扑和镇压，使得共产党人的革命斗争不得不转入地下，革命形势不容乐观。为了培养革命人才，扭转局势，共产党组织决定选派一些骨干到苏联莫斯科中山大学进修。很幸运地，赵一曼成了四十多个留学生中的一个。

9月，正是秋高气爽的时节，赵一曼等人从上海出发，乘坐一艘挂有苏联国旗的商船，前往了号称苏联远东心脏的海参崴。

赵一曼从来没有想过有一天会走这么远，她小时候虽有到国外游学的梦想，但也只是一种憧憬而已，如今真的要去世界上第一个社会主义国家"取经"了，心里难免感慨万千，心潮澎湃的她自语道："暂别了，亲爱的祖国，暂别了，亲人们，等我回来。"

同行的四十多人为了方便交流和学习，分为了四个组，每组一个组长，赵一曼那一组的组长是一个叫陈达邦的青年人。陈达邦来自湖南长沙，和赵一曼一样是黄埔军校武汉分校第六期的学生，不过此前他们并不认识。

这天晚上，赵一曼站在船舷边上吹着海风，望着苍茫的大海发呆，突然身后响起了一个低沉而清脆的声音："回船舱里去吧，外面太冷了。"

赵一曼回头一看，原来是组长，便感激地一笑，说："是组长啊，这就回去。"

陈达邦又随口问道："你是四川来的吧，四川哪儿人？"

赵一曼觉得好奇，反问道："咦，你咋个知道我是四川人的？"

陈达邦哈哈一笑，说："你的四川口音不小心暴露了你的身份啊！"

赵一曼听后爽朗地笑着道："是这样呀，我四川宜宾的，你呢？"

就这样，赵一曼和陈达邦算是认识了。赵一曼以前没有坐过大海船，在船舱外空气流通还好点，一进到船舱里就感到有些头晕。夜里海风很大，船颠簸得非常厉害，她晕船了，并开始不停地呕吐。这时，作为组长的陈达邦来到了她身边，给她送水、递毛巾，并帮忙清理呕吐物，尽心尽力，极为负责。为了舒缓赵一曼紧张的心情，陈达邦还给她讲了一些有趣的故事。这夜，赵一曼虽然因为晕船身体很不舒服，但心里却倍感温暖。细心敦厚、温文儒雅的陈达邦在她心里留下了很好的印象。

接下来的几天，陈达邦和赵一曼没事的时候就在一起聊聊天，畅谈革命理想，相同的境遇和追求渐渐拉近了两位年轻人的距离。赵一曼很信赖诚恳老实的陈达邦，而陈达邦对百折不挠、顽强勇敢的赵一曼也是赞赏有加。在到达海参崴前，他们已是无话不谈的知心朋友了。

二

从上海出发的轮船在经过一个星期的航行后，总算到达了海参崴。

海参崴在苏联的名字叫符拉迪沃斯托克，位于苏、中、朝三国交界处，是苏联在远东地区最为重要的港口城市，三面环海，景色宜人，拥有非常丰富的海洋资源。然而，站在海参崴的大地上，赵一曼却一点儿都高兴不起来，也没有初到异国的新鲜感。

原来，海参崴以前并不是苏联的，在1860年以前，它一直是中国的领土。1860年第二次鸦片战争后，清政府被迫和当时的俄国签订了不平等的《中俄北京条约》，从此乌苏里江以东包括库页岛和海参崴在内的约40万平方公里领土，就被邻国据为己有了。符拉迪沃斯托克，这个意思为"征服东方"的洋气名字，便成了海参崴的新称号。

想到海参崴的古往今来，赵一曼一阵阵心痛，很不是滋味。贫穷、落后、软弱就要挨打，就不能主宰自己的命运，这是何等可悲啊！辛亥革命后，虽然封建王朝在中国结束了，但中国并没有强大起来，也无法一统自己的江山，后来出现的共产党，总算是让人看到了一线希望。只是共产党的力量还很薄弱，需要学习的地方还很多。赵一曼想，此次来苏联，一定要多学一些先进的革命理论，回国后也好给同胞们一个交代。

赵一曼和陈达邦等人在海参崴坐上普通快车，又走了差不多两个星期，总算到了莫斯科，进了莫斯科中山大学。

莫斯科中山大学又叫中国劳动者孙逸仙大学（逸仙为孙中山的号），是 1925 年孙中山去世后，苏联共产党为了纪念这位提出"联俄、联共、扶助农工"的革命先驱而成立的，旨在为中国培养革命人才，像后来的风云人物博古、张闻天、邓小平、蒋经国等都曾在该校学习过。

赵一曼进入莫斯科中山大学后，被分在了六班，学生证号是 807，学生证上是她的俄语名字斯科玛秋娃。当时的赵一曼青春貌美，充满活力，不仅有个好听的俄语名字，而且还有一双水灵灵的大眼睛，很讨同学们喜欢，大家都叫她"毛栗子"。一进入学校，赵一曼就投入到了紧张的学习之中，首先自然是要学习俄语。第一学年里，俄语课就占去了很大一部分时间，每天要上四个课时。

当时学校的授课基本用俄语，这对从未学过外语的赵一曼来说有些吃力，加之学习方法不对，她不知该如何是好，内心无比焦急。陈达邦知道后，很快就解决了她的难题。陈达邦以前学过外语，俄语、英语和法语都很好，老师讲课很多同学都听不懂，他就为同学们充当翻译，大家都很佩服他，私下里称他为"陈院士"。"陈院士"对其他同学都热心帮助，更何况是情投意合的赵一曼呢！在陈达邦的辅导下，赵一曼找到了正确的学习方法，俄语成绩很快就上去了。

通过这么一段时间的相处，赵一曼觉得陈达邦是一个不错的青年，不仅性格好、学习好，而且热爱生活，于是主动约陈达邦到莫斯科河边散步聊天，表达爱意。她就是这样，敢爱敢恨，勇敢果决，从不会拘于世俗的礼节而放弃追求。陈达邦对她也是有情，于是两人一拍即合，走到了一起。

接下来的几个月，莫斯科进入了冬天。莫斯科的冬天，真

正是极冷的，寒风凛冽，积雪难化，温度常常在零下30°左右，这对从小生长在中国南方的赵一曼和陈达邦来说，无疑是一种严峻的考验。不过天气虽冷，这对革命恋人的心里却是非常温暖的。每天晚上

下课后，他们也不坐电车，而是花四十多分钟一路小跑回宿舍，这样不仅锻炼了身体，而且还可以讨论白天所学的知识，可谓是一举两得。

冬去春来，大地回暖，一切都是那么明媚。经过了半年多同甘共苦的学习生活，赵一曼和陈达邦的爱情也逐渐成熟了。于是，在1928年的五一国际劳动节这天，他俩在校方和同学们的祝福下，举行了简朴的结婚仪式，走进了婚姻的殿堂。婚后的生活是甜蜜的，学习之余，两人常常到莫斯科河里去划船游泳，欣赏美景，异国他乡的日子竟也美好起来。

可是没多久，由于气候变化、饮食不佳等原因，赵一曼病倒了，她被送往黑海岸边的克里米亚疗养院养病，丈夫陈达邦请假陪同前往。克里米亚半岛气候湿润，环境宜人，是一个度假疗养的胜地。到这里后，在医护人员和丈夫的精心护理下，赵一曼很快就恢复了健康。那段时期，生活闲适，岁月静好，可以算是两位新婚夫妇的蜜月之旅了。

夏天很快过去，又到了秋季开学的时候，赵一曼和陈达邦结束疗养生活，返回了莫斯科中山大学。回校后不久，赵一曼发现自己怀孕了，两人都很高兴，于是一边学习，一边等待着新生命的到来。

第二节　身怀六甲与夫别

一

莫斯科的温暖季节比较短，9月底时已进入了寒冷时期，一直要持续到来年的5月。怀孕求学的赵一曼身体比较虚弱，进入冬天后不久，肺病又复发了，不得已只能停学在家休养，幸好有陈达邦陪着，生活才不至于枯燥乏味。

就在这时，国内的共产党组织发来电报，通知一些学员提前回国，投入革命工作。原来，当时的国内革命有了新发展，国民党统治区急需一大批妇女干部开展工作，于是党组织决定让莫斯科中山大学的一些女同学回国工作，而赵一曼就在名单之列。

知道这个消息后，赵一曼对陈达邦说："达邦，这边天气寒冷，我在这边没办法疗养，课也不能上，现在党组织需要我，我还是先回国去吧！"

陈达邦听后急了："你现在都已经怀孕5个多月了，而且身体也不好，回国后没人照看怎么行？要不等你生完孩子了再回去，或者我和你一起回去。"

赵一曼开解道："这怎么行呢，我现在的学业算是半途而废了，你可一定要坚持到毕业。我在这边闲不住，还不如回去开展一些革命工作，至于孩子，可以回国生嘛！"

陈达邦愁眉紧锁，闷闷不乐地说："可我还是担心你，舍不得你走。"

赵一曼宽慰丈夫道："等你毕业回国，咱们就又见面了，也就不到一年的时间，你在这边一定要好好学习。"

当时莫斯科中山大学的学制是两年，陈达邦和赵一曼入校学习一年多了，离毕业的日子也已不远。陈达邦虽然不忍心别离，但他非常了解性格坚毅的妻子，只要认准了的事就一定要去实行。于是，他只得送别赵一曼，临行前，还给妻子送了一块怀表和一枚戒指，留作信念，相约国内再见。

只是谁也没想到，这一别，竟成了赵一曼和陈达邦的永别。在那个风云激荡的年代里，世事无常，生死难料，很多事都无法由自己主宰。革命与战争，残酷到连再见一面的机会都不留给他们，让爱情成了永远的遗憾。

1928年冬月，在莫斯科凌厉的寒风中，28岁的赵一曼别了丈夫，和其余五位学员一起踏上了回国的征程。冬天的西伯利亚冰天雪地，严寒令人窒息，由于大雪封路，很多地方都要徒步行走，及至回到上海时，赵一曼的手上脚上满是冻疮，加之怀着身孕，虚弱的一点儿力气都没了。

但是，坚强的赵一曼一刻都没有停歇，她一回到上海，就向党组织作了汇报。党组织决定派她去湖北宜昌新建的一个秘密交通联络站，转运文件，接应往返于西南地区和上海的地下党干部。

12 月底，赵一曼来到了宜昌，租住在长江边的一间木板房里，条件十分艰苦。这里是码头工人的聚居区，住的大多是贫苦的工人，因而不会引起国民党反动派的注意，便于开展工作。白天的时候，赵一曼和普通的妇女没什么两样，洗衣做饭，做针线活儿，给即将出生的孩子缝制衣服裤子。到了晚上，她就一个人躲在昏暗的灯光下分发文件、传递情报。邻居偶尔问起她的丈夫，她也只是说在外做生意。

清苦的日子里，赵一曼期待着丈夫的回来和孩子的出生。这期间，由于工作原因，她又和宜宾女子中学时的好友郑秀石见了面，两人都莫名地高兴。从郑秀石那儿，她知道了大姐夫郑佑之、二姐李坤杰和二姐夫肖简青，以及郑秀石哥哥郑则龙的消息，原来一直以来他们也都在从事革命活动，而且成绩不小，这让她很是激动。

1929 年 1 月 21 日，赵一曼的肚子突然一阵绞痛，她知道孩子很快就要出生了。可不巧的是，房东老太太是个很封建的人，按当地习俗的说法，外人在自己家生孩子，产妇的血会亵渎神灵，很不吉利。老太太不顾赵一曼的苦苦哀求，将她赶出了家门，好在邻居中一个码头工人的妻子和赵一曼关系不错，将她扶进了自己狭窄的板棚房，隔出半间来让她生孩子，这才解了燃眉之急。

就这样，赵一曼终于做了母亲，生了一个男孩。她给孩子取了个小名叫宁儿，一来是为了纪念伟大的俄国无产阶级革命者列宁逝世五周年，二来是希望孩子日后能够平安长大，少受颠沛流离之苦。

有了孩子，赵一曼一边从事革命工作，一边盼望着丈夫陈达邦学成回国，一家三口团聚。

二

1930年，莫斯科中山大学由于某些原因宣布解散，陈达邦受命留在苏联，担任莫斯科外国出版社中国印刷部主任一职，主要负责中国共产党驻共产国际代表团的印刷业务，这一干就是五年。

1935年，无产阶级革命家吴玉章在法国巴黎创办《救国时报》，当他得知陈达邦熟知印刷业务又懂得法语时，便通过中共代表团把陈达邦调到了巴黎，让其出任《救国时报》印刷部主任兼印刷厂厂长。这一去，陈达邦便彻底失去了和妻子见最后一面的机会。

在担任《救国时报》主任时，陈达邦经常能在自己印刷的报纸上读到东北义勇军和东北人民革命军浴血杀敌的英勇事迹，他的心里深受鼓舞。然而他不知道的是，妻子赵一曼那时已成了著名的抗日将领，并已做好了捐躯沙场的准备。当时，出于战争机密的考虑，即使是亲属间，也很少通信，怕被敌人截获暴露身份。因此可以说，自从在莫斯科中山大学一别后，陈达邦就基本失去了赵一曼的消息，妻子的很多情况他都不知道。

那么，就来看看陈达邦不知道的那些事情吧！

1929 年 1 月宁儿出生后不久，赵一曼的秘密工作引起了国民党特务的怀疑，开始有警察跟踪她了。于是在一个夜晚，她毫不犹豫地背起孩子，登上了前往上海的轮船，离开了宜昌。

到了上海后，赵一曼向党组织汇报了情况，准备接受新的任务。她每月从党组织处支取几块钱作为生活费，租住在一个简陋的弄堂里，生活十分艰苦。不久，她就有了新任务，是到工厂里去开展革命工作。她装扮成一名女工，进了工厂，积极动员广大工人，给他们发进步传单和报刊，团结并培养青年知识分子。

这期间，赵一曼居然又见到了自己的好姐妹郑秀石和郑奂如。原来，出于工作需要，郑家姐妹不久前调离宜宾，也来到了上海。郑奂如看到赵一曼怀里抱的孩子，笑着说道："以前你总说终身不嫁，要一辈子献身革命，咋个去了一趟苏联，连孩子都有了哟？"

赵一曼脸一红，说道："以前是因为没有遇到合适的人嘛，再说了，革命和爱情又不冲突，有了孩子也可以革命呀！"

郑秀石羡慕地说："姐夫肯定是一个非常优秀的人，不然你咋会看上他呢，希望姐夫能早点回国，也让咱们见上一见。"

赵一曼有些伤感地说道："是啊，只希望革命早日胜利，这样达邦回来，我们就可以团聚了。"

在上海，赵一曼既要从事革命工作又要带孩子，非常的辛苦，幸好郑家姐妹住得不远，可以时常帮她带带孩子。有一次，出于工作安全需要，赵一曼住在医院半个多月，这半个多月里，宁儿一直在郑秀石和郑奂如家里，可把郑家姐妹给累坏了。等到赵一曼再次出现时，只见宁儿胖了不少，而郑家姐妹却瘦了许多，都有黑眼圈了。赵一曼心里很不是滋味，抱着孩子说："你这个小子哟，可把两位娘娘给折腾惨了，以后会说话时，要叫干妈呀！"

此后的几个多月里，赵一曼又先后到中共江西省委机关和上海中央机关工作。这期间，她不仅常常见到周恩来、宋庆龄和何香凝等革命同志，而且还见到了丈夫陈达邦的妹妹，也就是她的小姑陈琼英。陈琼英也是一名杰出的革命工作者，她和赵一曼一见如故，亲如姐妹。

在赵一曼为革命工作四处奔走的旅途中，宁儿一点一点长大了。赵一曼寻思，带着孩子工作既不方便也不安全，该怎么办呢？突然，她想到了丈夫在苏联临别时说的话："我有个五哥叫陈岳云，是开办纸印公司的商人，条件好，人也极好。你回国生了孩子若忙不过来时，可将孩子送去五哥五嫂那里，让他们帮忙照顾。"于是，赵一曼找到陈琼英，两人商量之后，便一同把孩子送到了武汉陈岳云夫妇的家里。因为是弟弟、弟媳的孩子，所以陈岳云夫妇也非常乐意代为抚养。

在离开武汉前，赵一曼抱着一岁零三个月的宁儿去照相馆照了一张合影。照片中，赵一曼抱着宁儿坐在一把藤椅上，梳着短发，目视前方，显得端庄宁静，眼里满是温柔和慈爱，而宁儿则睁着一双大眼睛，好奇地看着镜头……世事难料，没想到这竟成了赵一曼和儿子的唯一一张合影。

合影拍好后，赵一曼给远在莫斯科的陈达邦寄去了一张，并写信告诉他一切都好不必顾念。之后，赵一曼忍痛含泪告别孩子，离开了武汉。而这一别，又一次成了永别，一家三口最终没能聚齐。

收到赵一曼寄来的信和照片时，陈达邦心里很是高兴，然而此后，就再也没有妻子的消息了。1935年陈达邦去了巴黎，直到1942年才回到国内，这时儿子已经13岁了，并有了一个正式的名字陈掖贤。面对和自己差不多高的儿子，他感慨万千，一时不知该如何相处。他问五哥五嫂关于妻子的情况，可他们也不知道赵一曼的具体下落。

五哥五嫂当然不会知道，因为赵一曼离开武汉后不久，日本侵华战争就爆发了，赵一曼被派往了东北参加抗日工作，并使用了化名。在东北不多的年月里，赵一曼抛头颅、洒热血，书写着属于自己的抗日传奇。

第四章　抗日救国赴东北

第一节　领导工人做斗争

一

1931年9月18日，在盘踞中国东北的日本关东军的阴谋策划下，炸毁了沈阳柳条湖附近的铁路，并嫁祸给中国东北军，诬称说中国军人故意破坏铁路，袭击了日本守备队。之后，日军以此为借口，向驻守在沈阳北大营的中国军队发动了进攻，这就是著名的九一八事变。

事变发生后，东北军总司令张学良奉行国民政府的不抵抗政策，选择了不战而退，结果导致在短短的四个月时间内，东北三省全部沦陷，三千多万同胞沦为了亡国奴。自此，日军全面侵华战争的序幕便徐徐拉开了。

九一八事变的爆发激起了中国人民的极大愤懑，全国各地的爱国人士纷纷要求抗日御敌，收复失地。9月20日，中共中央发表宣言，提出了"反对日本帝国主义强占东三省！……自动取消一切不平等条约"的响亮口号；9月22日，中共中央通过决议，指出党当前的中心任务是"立即发动与组织广大工农群众反对日本帝国主义占领满洲"；9月25日，在中共满洲省委的积极宣传下，沈阳、哈尔滨和大连等市街头出现了

"以罢工、罢课、罢市来反对日本帝国主义侵占满洲""打倒日本帝国主义"等标语和传单。不久，东北抗日义勇军也在中国共产党的支援下蓬勃发展了起来。

1931 年 10 月，26 岁的赵一曼由党组织选派离开上海前往东北，领导工人进行抗日斗争。临行前，赵一曼特地与郑秀石和郑奂如姐妹告别，留下了一张她和宁儿的照片，希望她们能帮忙带给二姐李坤杰，而正是这张照片，成了日后家人寻找她下落的重要线索。和赵一曼同去东北的，还有人称老曹的工会负责人黄维新，后来为了隐藏身份的需要，俩人曾假扮过夫妻。

赵一曼到沈阳后，和中共满洲省委常委金伯阳取得了联系，按照事先组织上的安排，她担任了满洲省委的妇女委员，负责妇女工作。在常委金伯阳眼里，赵一曼是一个干练的川妹子，思想沉稳，行事果决，神情中常常透露出一股英武之气。为了方便开展工作，金伯阳介绍赵一曼认识了启东烟草公司的青年女工赵兰芬和赵兰芳姐妹，并住在了她们家。

启东烟草公司是一家英国商人经营的公司，里面的 1500 多名工人中，大部分是女工和童工。在赵氏姐妹的介绍下，赵一曼化名为江海燕，在该公司找了份糊烟盒的差事，并以此为掩护开展抗日工作。当时启东公司的工作时间非常长，工资却很低，工人们常常受到监工的打骂。为了帮工友们争取权益，赵一曼非常热心地教她们识字算账，学习必要的文化知识，并通过社会关系在报纸上发表文章，声讨烟厂老板，引起了社会极大的关注。迫于舆论压力，英国老板不得不减轻工作量，适当提高了工人工资。

就这样，赵一曼很快成了工友们的亲密朋友，成了烟厂"姐妹团"的大姐。下班后，她便来到工人棚户区，向工人及家属们宣传抗日救国的道理，号召人们团结起来反抗侵略者的暴行。在一个小巷里，有一群孩子在唱一首名为《九一八小调》的歌："高粱叶子青又青，九月十八来了日本兵，先占火药库，后占北大营，杀人放火真是凶。中国军队几十万，恭恭敬敬让出了沈阳城……"听到这样的歌曲，赵一曼心里一阵阵疼痛，一种抗日的紧迫感油然而生。

在赵一曼的启发和动员下，启东烟厂的积极分子还成立了反日小组。一天，反日小组得到可靠情报，说烟厂正在给日本关东军司令部赶制一批高级香烟。赵一曼立即指示小组成员，在包装这些香烟时进行洒水破坏。结果，洒了水的香烟都发了霉，无法供日本军官享受。不仅如此，她们还在包装香烟时在烟盒里放进了许多纸条，上面写有"日本人滚出东北去"等反日口号。

正当赵一曼的抗日宣传工作风生水起时，中共满洲省委机关所在地被日军发现并破坏。1931 年年底，中共满洲省委搬去了哈尔滨，次年夏天，赵一曼也率领满洲总工会成员去了那里，开始了新的抗日工作。

值得一提的是，就在赵一曼到沈阳的这段时间，她从小敬重的大姐夫郑佑之不幸在重庆遇害了。郑佑之曾在大革命期间领导川南农民运动，影响深远，被人们称为"川南农王"。被捕后，面对敌人的审讯和劝降，他毫无畏惧，终于在1931年12月30日这天英勇就义，终年40岁。

在那样一个忙于革命和战争的年代，就连亲人的去世似乎都来不及悲伤。赵一曼和大姐夫的离别是这样，丈夫和儿子与她的离别亦是如此。

二

哈尔滨本来是一座非常美丽的城市，有"东方小巴黎"和"东方莫斯科"之称。然而，自从这里被日本侵略者占领后，日伪军和警察便肆意妄为、横行于市，恐怖气氛充斥在大街小巷。日伪政权的统治相当严酷，实行的是"良民登记制"和"联保制"，如果没有铺保，想租房子都困难，没有良民证，则要被抓起来殴打审问。

赵一曼到哈尔滨后，为安全起见，在一个俄国老太太的家里租了间房子。当时，侨居东北的外国人家是不用报户口的，出入比较自由，住在这样的家里对开展抗日工作较为有利。俄国老太太以前有个闺女，不幸过世了，于是正好空出一间房租给了赵一曼。老太太人很好，拿赵一曼就像自己的亲闺女一样看待，看她穿的简朴，就把自己闺女没穿过的一些衣服送给了她，房租也收的很少，有好吃的东西也给她留着。

这时的赵一曼是中共满洲总工会的组织部部长，为了便于掩护，她和工会书记老曹假扮成夫妻，秘密开展抗日工作。老曹主要是去外面搜集情报、联络同志，赵一曼则主要负责抄送文件、印发传单，同时在烟厂和电车厂工人中开展抗日救亡运动。平时在家时，赵一曼总是一副家庭妇女的装扮，出门时，则穿一身古铜色的毛衣和裙子，穿一双绿色高跟鞋，提一个褐色小手提包。这样装扮，也是为了隐藏身份的需要。

1933 年 4 月 2 日，在外搞活动的老曹很晚才回到总工会，一进门，他就对焦急等待的赵一曼说："今天晚上电车厂发生了一件事，咱们要有新任务了。"赵一曼赶快关了门，悄声问道："发生了啥事？"

老曹一五一十道来。原来，这天晚上当二路电车途经景阳街时，有一个姓孙的日伪警备营营长上了车，当时他穿着便衣，人们都不知道他是谁。上车后，售票员张鸿渔要他买票，他不但不买票还开口大骂："瞎了你的狗眼吗？老子可是警备营营长，坐车还需要买票？！"张鸿渔是共青团员，平时恨透了这些欺软怕硬的汉奸，于是回说："是人坐车就得买票！"孙汉奸恼羞成怒，到桃花巷站时，将张鸿渔拉下车，押送到了宪兵队，然后和手下一顿拳打脚踢，打了个半死。消息传出后，电车工人们气氛难平，纷纷提前收工。

介绍完情况，老曹接着说："省委已开会做出决定，让我们到电车厂领导工人举行大罢工，积极支持工人斗争，反抗日本侵略者的压迫。事不宜迟，我们必须马上出发。"

于是，赵一曼和老曹匆忙赶到了电车公司，并在电车工人的宿舍里召开党团会议，成立了罢工委员会，对第二天的罢工事宜做出了具体部署。会后，赵一曼组织大家写标语、画漫画、印刷《告哈尔滨市民书》等揭露日伪宪兵殴打工人的宣传品，连夜贴在各路电车途经的主要路口和沿线，呼吁市民们团结起来一致对外，支持工人的罢工斗争。

第二天早晨5点多，赵一曼和老曹组织罢工工人召开了群众大会，罢工正式开始。往日这个时候，电车已经开始穿梭在大街小巷，运送上班的乘客了，可是这天，一辆电车都没有，街上站满了人，大家都在看张贴在墙上的《告哈尔滨市民书》等宣传单，个个义愤填膺、摩拳擦掌，高呼："惩办凶手，还我工友！"至此，哈尔滨的交通已陷入全面瘫痪状态。

电车工人的大罢工让伪电业局局长深感不安，于是派人去电车厂找罢工委员会负责人谈判，要求工人复工。委员会负责人按照事先的会议提示，向宪兵队和伪电业局提出了五个条件：一、给受伤者抚恤金50大洋；二、撤换宪兵队队长；三、

抗日英雄

小故事

交出凶手由工人惩办；四、赔偿受伤者的医药费用；五、电业局担保以后不会再发生类似的事件。伪电业局代表表示，受伤工人已送医院治疗，抚恤金很快也会送到，其余条件基本没问题，希望工人尽快复工。

看到伪电业局接受了相关条件，电车工人们开始陆续复工了。然而，复工后不久，伪电业局和日伪警备司就开始了报复。伪电业局不仅不履行承诺，还开除了一批工人，日伪警备司也抓走了几名罢工骨干。这天，赵一曼正在外面执行任务，迎面碰见了省委联络员老李头，老李头把她叫到街角处说："小李啊，总工会出事了，老何让我赶快带你去省委找他。"

老李头口中的老何，是中共满洲省委组织部部长何成湘。赵一曼到省委后，何成湘对她说："省委出了叛徒，总工会已经被日伪军查抄，老曹被捕了，我们正在设法营救。如今在这边进行公开活动已十分困难，由于你学过军事，省委决定派你去抗日游击区开展工作，出任珠河中心县委委员和铁北区区委书记。"

就这样，赵一曼又踏上了前往抗日游击区的征程。在离开哈尔滨前，她得到一个不幸的消息，老曹在狱中惨遭敌人毒手，壮烈牺牲了。老曹曾和她假扮夫妻，并肩战斗，经营起了一个革命之家，如今这一切都不存在了，她心里不由一阵悲痛，更加坚定了抗日的决心。

第二节　"瘦李"是个好同志

一

珠河县（今尚志市）所在区域，是一个山峦起伏，林木茂密的地方，很适合开展敌后游击战。从1933年开始，先后担任中共满洲省委军委书记的赵尚志和李兆麟，在这里组织起了珠河游击队，周旋于白山黑水之间，打击日本侵略者。1934年年初，珠河游击队又和当地的十多个义勇军首领联合，成立了东北反日联合军总司令部，推举赵尚志为总司令，对日军发动了新的攻势，很快便攻克了一批日军据点，影响力日益扩大。

就是在这个时候，赵一曼来到了珠河。不过，在来的路上，还有些惊险呢，要不是扮作哑巴姑娘，很可能就被日伪军抓走了。

原来离开哈尔滨后，赵一曼由老李头护送着前往珠河。老李头原名李升，七十多岁了，身板还很硬朗，是满洲省委里年龄最大的联络员。他长期从事革命工作，经验很是丰富。临行前，他让赵一曼挽起了发髻，换上了一身打补丁的黑褂子，并在一个破旧包袱里装了两副草药，他自己则拄了一根拐棍，装作弱不禁风的样子。他对赵一曼说："这一路上到处都是日伪军盘查，到时你就假装是个哑巴姑娘，别说话，有麻烦我来应付。"

赵一曼听从李老头的安排，两人上路了。没有日伪军时，两人走得很快，走不多时他们就来到了一个必经的关口，在这里果然被一名执勤的伪军拦住了。伪军端着刺刀气势汹汹地问道："你们是干什么的，叫什么名字？"

李老头拄着拐杖，弓着背，喘着气儿说道："老汉姓李，这位是俺闺女，是个哑巴，我们进城抓了点药，治病。"

这时，旁边的赵一曼也很配合地点了点头，同时"啊啊"了两声，表示自己确实不会说话。

伪军将信将疑，盯着赵一曼说："把包袱打开，让我查查。"

赵一曼又"啊啊"了两声，装作笨手笨脚地打开了包袱。伪军一看，里面除了两包草药外，只有几件破旧衣服，别的啥也没有，觉得晦气，便放两人过去了。

远离了关口后，赵一曼总算松了一口气说："好险啊！"李老头笑着说："幸亏你演得像，不然你那四川口音还不露馅呀。"摆脱了伪军盘查，两人加快了脚步，李老头用拐棍挑过包袱，健步如飞，快速向前走去，赵一曼也不甘示弱，紧跟其后，他们一口气走出了二十多里。李老头夸奖说："小李啊，能跟上我走路的人不多，闺女中你还是头一个，看来以后打游击不成问题！"赵一曼喘着气儿说："跟您比那还差得远呢！"说着话，两人又加快了速度。

到珠河后，赵一曼立即投入到紧张而繁忙的工作之中。她积极组织和发动群众，征集粮草，筹措善款，支援赵尚志的抗日游击队伍。在她的努力下，珠河地区妇女会、农民会和儿童会也很快建立了起来，她带领各会成员为游击队员们缝衣服、纳布鞋、送情报、运粮草、站岗放哨，做了大量的后勤工作，解决了抗日志士们的后顾之忧。

此外，赵一曼还很重视当地人的文化教育事业，她协助李兆麟等人在珠河地区开办了一所小学和两所贫民学校，吸引了大量贫苦农民及其子女前来，学习科学文化知识和抗日救国道理。她常常抽空亲临视察，给学生们上政治课，教他们唱抗日歌曲，很受同学们欢迎。要是谁家的孩子经济有困难或生病了，她也总是想办法帮忙解决。

在日本人的践踏下，东北地区人们的生活一团糟，老百姓只能吃上苞谷面，好点的也就是高粱面。赵一曼是南方人，喜欢吃大米，到了这里后，无论是环境还是饮食都很不适应，但她从不搞特殊，总是和老百姓同吃同住。她本就有肺病，加上饮食不佳，操劳过度，整个人显得很是消瘦，乡里乡亲因而都叫她"瘦李"。

说起"瘦李"，珠河地区的人们无不竖起大拇指，称赞她是一位好同志。为了掩护她从事抗日工作，大家也根据身体特征，纷纷起了李姓的外号，什么"小李""老李""黑李""胖李"等，不一而足。

二

日伪军的常规搜查和大规模扫荡是很让人头疼的事，他们就像一群凶神恶煞的野兽，端着刺刀在村子里耀武扬威，烧杀抢掠，不管男女老少，都要一一盘问，如果配合不好，就要受到殴打凌辱。

赵一曼刚到珠河的时候，有一天到一位姓孙的大妈家里去帮忙，没想到中午时分日伪军来搜查村子了。孙大妈赶忙进屋，让赵一曼躺到了床上，并用两床被子将她裹得严严实实的，日伪军来查时，孙大娘只说是自己的儿媳妇正在坐月子，不能见风，好说歹说，才将日伪军像瘟神一样送走。

为了革命和抗日的需要，赵一曼曾扮演过很多角色，有时是哑巴姑娘，有时是摩登女郎，有时则是家庭妇女，她的名字也经常变来变去，如李淑宁、李一超、江海燕、李映辉，以及最著名的化名赵一曼等。也许，唯一不变的就是她的四川口音了。而这，还给她惹来了一些麻烦。

1934 年的秋天不觉到了，秋风萧瑟、万物荒凉，寒风嗖嗖地吹着，枯黄的落叶在地上乱滚，此时节残酷无情的日伪军开始了秋季大扫荡。

一天，东方刚刚发白，很多人都还在睡觉，村子里突然响起了枪声。赵一曼赶快起床，准备一探究竟，这时响起了急切的敲门声："瘦李、瘦李，快开门。"赵一曼听是李大娘的声

抗日英雄

赵一曼

音，就开了门，李大娘气喘吁吁地说："不好了，日本鬼子进村扫荡了，你赶快逃吧！"赵一曼于是把机密文件塞进土炕的夹层里，背起一个简陋的包裹出了门，并依照之前查看好的一条秘密小路逃出了村子。

这时，赵一曼突然想到了住在村东头的区委宣传部部长周伯学，周伯学眼睛近视，逃跑起来有些不方便，要是被日军抓住了怎么办？想到这，她又返回村子，向周伯学的住处跑去。到了老周的住处，敲半天门也没人答应，她就把纸糊的窗户戳破了一个洞，往里看时，却没有人。原来，这老周昨晚去外村开会后没有回来。赵一曼赶快返身再行逃跑，不料被两名伪军发现了。

伪军："站住！你哪家的，干什么去？"

赵一曼说：“我是村东头老孙家的媳妇，今天要回娘家去。”

两个伪军围着赵一曼看了看，只见她穿着一身破旧衣服，一副农村妇女的打扮，但口音却是四川的，不由得起了疑心。问道：“村子里哪家藏有共匪？”

赵一曼镇定地说：“我又不是走狗，怎么会知道！”

伪军一听恼了，其中一个骂了声“他妈的”，一记耳光就扇了过来。赵一曼赶紧偏头闪躲，不料巴掌落在后脑勺上，把戴的假发髻给打落下来，暴露了身份，被伪军抓了。

扫荡的伪军离开后，村里的父老乡亲们奔走相告：“瘦李被抓了，瘦李被抓了！”消息很快就传到了党组织那里，党组织立即指示赵尚志领导的反日联合军进行营救。反日联合军经过周密谋划，埋伏在日伪军回城的路上，活捉了一个日伪军团总，这才一对一地把赵一曼给换回来。

就这样，“瘦李”的身影又活跃在了珠河地区的村子里。回来后，赵一曼看到被日伪军践踏过的村子残破不堪，到处都是残垣断壁和烈火焚烧过的痕迹，在呼啸的秋风中，景象格外凄凉，心中是既愤恨又悲痛。她召集村里的青年说：“从今以后，我们不能再坐以待毙了，一定要武装起来，用真枪实弹痛击鬼子，保卫自己的家园。”

村里的青年们热血沸腾，纷纷要求配发枪支成立卫兵队。

不过，在缺少枪支弹药的游击区，要想成立卫兵队可是一个很大的考验。

第三节　真枪实弹有智谋

一

当时在珠河一带，除了赵尚志领导的反日联军有相对正规的武装外，村民们用的武器都比较原始，基本上还是些老土枪、大刀、棍棒和农具等，他们进行的反抗，一开始也主要是被动的自我防卫。然而当日伪军扫荡过后，面对被劫掠一空的村子，村民们再也坐不住了，他们迫切希望能有一个文武双全的人领导大家，建立一个有纪律、有组织的农村卫兵队，主动打击敌人。

赵一曼正是大家心中最好的人选。她曾在黄埔军分校和莫斯科中山大学学习，文韬武略，机智过人，由她带领大家是再合适不过了。面对大家的热情，赵一曼说："要想战胜敌人，没有枪是不行的。不过我这里没枪，枪都在日伪军那里，我们要想办法抢过来。"

赵一曼和村里的青年们商量后，决定从日伪军的哨所下手。在珠河县有一座山叫帽儿山，这座山的公路线上，日伪军设了好些哨所，对游击队的抗日活动形成了很大阻碍，端掉这些哨所不仅可以扫除障碍，还能缴获枪支，可谓一举两得。

一天夜里，天上只有微弱的星光，赵一曼率领几个青年出发了。她让其中一个青年拿一把砍刀和一个灌了水、充了气的皮球在前面做先锋，她和另外几人骑着马紧随其后。她告诉同行者，到了日伪军哨所，如果没被发现，几人就齐心协力砍倒哨兵，再悄悄摸进哨所切断电话线，干掉熟睡的敌人，缴获枪支。若是被哨兵发现了，走在最前面的青年就挤压皮球，让皮球发出类似于拉肚子的"噗噗"声，以麻痹哨兵，然后趁机砍掉哨兵。

就这样，赵一曼等人一夜之间就端掉了帽儿山公路上的日伪军哨所，把敌人的枪支弹药缴获一空。日伪军在遭到夜袭后深受打击，万万没有想到村里还有这么厉害的武装力量，因为对对手尚不了解，所以一时半会也不敢轻举妄动。

与此同时，珠河县里的党组织也缴获了一批敌人的军火，想运出城交给游击队，可是敌人盘查太严了，不好运出去。赵一曼知道后，想出了一个办法，主动请缨运送枪支弹药。她和村里一位姓沙的姑娘装扮成运垃圾的农人，赶着一辆运粪牛车进了城。到了事先约定地点后，她们用油布和油纸把枪严严实实地包裹起来，装在粪车底部，然后用木板和破布封死，再在上面灌上粪水，赶着车向城外走去。到了城门口，日伪军捂着鼻子问道："车里装的什么这么臭，上哪儿去？"小沙姑娘忍住笑说："装的是粪水，长官要不要看看啊？"伪军听后一脸嫌恶地说："妈的，快走快走！臭死老子了。"赵一曼挥鞭赶着牛车，轻轻松松地出了城。

有了枪支弹药后，村里的卫兵队很快就组建起来了，赵一曼亲自挂帅，督促大家操练，随时准备杀敌。

二

一天，赵一曼正在督促自己的卫兵队操练，忽然通讯员来报，说珠河县里的日本鬼子出动了，要经过关门嘴到左撇子沟去。

赵一曼一听机会来了，问："鬼子有多少人？"

通讯员说："只一个中队，有二十多人！"

"好！不多不少，咱们就来个伏击战，干掉这些小鬼子。"赵一曼说，"这是咱们卫兵队成立后的初战，一定要打得漂亮，开一个好头。"

队员们斗志昂扬地应道："队长放心，咱们一定把鬼子打得屁滚尿流。"

很快，赵一曼就带领自己的卫兵队来到关门嘴，埋伏了起来。关门嘴是一个险要的去处，道路狭窄，树木丛生，易攻而不易守。众人埋伏好后不久，就见一队日伪军从远处走了来，为首的是一个骑着马、挎着刀的胖子军官，他左顾右盼，显得十分谨慎，后面二十多个鬼子兵紧紧跟着。

赵一曼悄悄对队员们说："大家都注意了，擒贼先擒王，到时等我一声令下，大家就集中火力向骑马的军官射击。"

队员们一个一个把赵一曼的话传了下去。

日伪军越走越近，不觉已走进了埋伏圈。这时，赵一曼喊一声"打"，就见几十发子弹瞬间飞向了为首的军官和紧跟的鬼子。只听得一阵惨叫，挎刀的军官一头栽倒在马下，连抽刀拔枪的机会都没有，同时另有几个鬼子也应声倒地。

没有了军官的指挥，剩下的日本鬼子就像没头的苍蝇一样，慌里慌张、到处逃窜。不过，已是瓮中之鳖的鬼子哪里还能逃得脱，在噼噼啪啪一阵枪声之后，二十多个鬼子就命丧黄泉了。初战告捷，赵一曼和队员们又缴获了许多枪支。

赵一曼腰里别着缴获的盒子枪，带着队员们凯旋，显得格外英武。村里的老乡们纷纷来到村口，迎接凯旋的英雄们，直夸"瘦李"好本领。没多久，卫兵队伏击日寇大获全胜的消息就传遍了四里八乡，许多青年闻讯前来，要求加入卫兵队。渐渐地，赵一曼的队伍越来越壮大，关于她的英雄事迹也越来越多，当地群众都称赞她是一个文武双全的女豪杰、智谋并举的女指挥。

有一次，珠河县的一支抗日支队在侯林乡遭到鬼子五百多人的袭击，被猛烈的火力困在了一个山洼里。赵一曼获悉情报后，立即率领自己的卫兵队前去支援。当时，大多数人都建议从敌人背后直接攻过去，和抗日支队两面夹击，挫败敌人。但赵一曼分析，敌人火力过于猛烈，如果硬攻的话，只会让伤亡更加惨重。幸好那天是个大雾天气，山上的鬼子摸不清情况，不敢轻易下山。赵一曼寻思，鬼子如此火拼，弹药很快就会耗尽，到时必然会向别处求援，运弹药上山，不如就来个围魏救赵。

主意已定，赵一曼对队员们说："鬼子弹药用尽，必然会从侧路运送辎重上山支援，我们就来个围魏救赵，截断鬼子的运输队，大家跟我走。"她率领卫兵队来到山路口埋伏起来，专等鬼子的辎重队。果不其然，不多时一队日伪军的弹药运输队就出现在了山口，走进了埋伏圈。赵一曼一声令下，队员们瞄准鬼子就打，不明就里的鬼子运输队很快就全军覆没了。

山上的日本鬼子没有了后续补给，火力渐渐弱了下来，山洼里被困的抗日支队抓住时机强力突围。这时，赵一曼也率队赶来从侧面向鬼子开火，为抗日支队打开了一个缺口，帮助山洼里的部队成功突围了出去。这次突围战中，赵一曼亲手击毙一个伪团总，她和队员们先后击毙鬼子几百人，可谓是居功至伟。

在侯林乡协助抗日支队突围后，赵一曼声名远播，她的骁勇善战和指挥有方让日伪当局震惊不已。日伪当局在《大伪新报》上称她是"手持双枪，着红装，骑白马，活跃于哈东地区的密林女王"，是令人闻风丧胆的"女匪首"，在报上发出布告，悬赏捉拿。

此时的赵一曼，在几经征战后早已置生死于度外，她只想驰骋沙场，奋勇杀敌，早日驱逐日本侵略者，还同胞们一个安宁。在珠河地区的老百姓看来，眉眼中尚有几分清秀的她，无疑是真正智勇双全的巾帼英雄。

第五章　红衣白马女政委

第一节　同甘共苦御外敌

一

1934 年 6 月，经中共满洲省委决定，将珠河反日游击队改编为东北反日游击队哈东支队，赵尚志任支队司令；1935 年 1 月，哈东支队扩编为东北人民革命军第三军，赵尚志任军长，李兆麟任一师二团政治部主任；同年 5 月，李兆麟由二团调到一团，赵一曼便以铁北区区委书记的身份兼任了二团的政治部主任，王惠同为团长。

当时，东北地区日益壮大的抗日力量令日伪当局深感不安，从 1935 年春开始，日伪当局就常常纠集起大批军队，对游击区进行"大讨伐"。在赵尚志和赵一曼等人的领导下，日伪军的多次讨伐均被挫败。此间，赵尚志还率部建立起了哈东抗日游击根据地。

赵一曼带领自己的卫兵队加入第三军后，便和赵尚志一道，东征西走，共御外敌。由于都姓赵，所以一些不明就里的老百姓便以为赵尚志和赵一曼是亲兄妹，说哥哥带着妹妹出来打鬼子，真是兄妹同心，勇不可当。对此，赵一曼总是笑而不语，心想，她和赵尚志虽不是亲兄妹，但作为革命同志，比亲兄妹还要亲呢。

赵尚志军纪严明，从不让手下的游击队员们给老百姓添麻烦。每到一个地方战斗，为了不和老百姓争抢热炕头，他总是带头睡在马棚的草堆里，实在冷的不行，就睡在锅灶旁，这样不仅能取暖，还能躲避日伪军的袭击。赵一曼很敬佩这位赵大哥的品行，时时、处处向他学习。

赵一曼自小落下肺病，身体不是很好，在没日没夜的征战中，她又一次吐血了，可当时若不是脖子上的一块创伤同时发作，让她疼痛难忍抬不起头，她是死活都不肯住进医院的。不得已住进东北人民革命军第三军的流动医院后，她也没能闲下来。为了躲避鬼子的袭击，医院要跟着军队处处转移，而每一次转移，医护人员的任务就非常重大。当看到十多号伤员和病人只有一个医生和护士照料时，赵一曼便忘了自己也是一个病号，不顾伤病主动承担了护理工作。她给病员们洗头、洗衣服、换药送水、清洗伤口，有时也给他们上政治理论课，分析抗战时局，教他们唱抗日歌曲。

有一次，医院跟随第三军从一个屯子向另一个屯子转移，由于伤病员走得慢，为不影响行军进度，大部队决定让赵一曼留下来，协助医生转移伤病员。不巧的是，大部队刚走没多久，就见日伪军的一个搜查队向屯子里走来了。逃跑已经来不及了，大家非常惊慌，一时不知该怎么办。

这时赵一曼发现，屯子附近有一块黄豆地，地里刚收割的黄豆一捆一捆成排地摆在垄台上，很适合隐藏，于是招呼医生背起伤员，躲进了黄豆地，她则拿枪挡在医生和伤病员前面，准备随时战斗。幸好，日伪搜查队见屯子里没人，抢掠一阵后便扬长而去了，并没有到附近田里搜查。日伪搜查队走后，大家总算松了一口气，无不称赞赵一曼冷静机智。

赵一曼的肺病略微好转后，就又开始东征西战了。一天，她和自己的部下在背荫河附近活动，突然看到十多个面无血色、浑身浮肿的人从一片林子里跑了出来，后面还有几个日伪军在追赶。她二话不说，率部冲上去将几个日伪军干掉了。事后得知，这些面无血色的人是从鬼子做细菌实验的秘密工厂逃出来的。

赵一曼让部下把这些人背回了第三军医院，在医院里，她每天都抽空来看望他们，给他们送饭喂药，了解鬼子细菌工厂的情况。等这些人康复后，赵一曼组织召开群众大会，极力控诉日本鬼子用活人做细菌实验、毒害中国人民的罪行。这件事引起了群众对鬼子莫大的愤慨，人们的抗日情绪更加高涨，一些人还为此加入了游击队呢。

渐渐地，赵一曼的影响力越来越大，老百姓无论遇到什么困难，都乐意找她帮忙，称她是"我们的女政委"。一听说红衣白马的赵政委来了，老百姓是喜不自胜，而日伪军则无不胆战心惊，惶惶不可终日。

二

1935 年的秋天不知不觉到了，日伪军又开始了新一轮更加猛烈的扫荡。东北人民革命军为了避其锋芒，保存实力，不得已转入了深山老林。

与我国其他地方相比，东北的秋天要冷很多，虽然才到十月，但已是天寒地冻，草木凋零了，霜降刚过，深山老林就被白茫茫的大雪覆盖，不见了平时到处乱窜的野猪、黑熊等动物。在这样渺无人烟的地方，也只有东北人民革命军的抗日战士们还在活跃着。

由于日寇的封锁，东北人民革命军几乎失去了和外界的联系，这也就切断了他们的粮食和衣物的来源，要知道他们平时的衣食可都是靠打土豪劣绅获取的。没有了粮食，战士们就到处挖草根、剥树皮，打野兔和狍子等聊以充饥，要是实在没吃的，就连皮带都煮来吃了；没有了衣服，他们就把兔皮和狍子皮等用草茎串起来披在身上，再用草绳捆住，以抵御严寒，鞋子破烂了，就用树皮绑扎成鞋子；能御寒的帐篷也很少，战士们晚上只能点起篝火，在露天里睡觉，要是夜里遇上下雪，能把人冻个半死。

按理说，这样恶劣艰苦的环境，怕是连铮铮铁骨的男战士都很难抵抗，更何况是一个身体不好的女政委呢。然而，来自南方温润之乡的赵一曼，尽管身体单薄，却依然斗志昂扬，率

083

抗日英雄
赵一曼

部在天寒地冻的东北密林里神出鬼没，让鬼子闻风丧胆。

那时，赵一曼和王惠同率领着二团战士，在黑龙宫、帽儿山、秋安屯和关门嘴一带和鬼子周旋。鬼子的扫荡和零下二三十摄氏度严寒的折磨，让他们常常饥寒交迫，寝食难安。一次二团在突袭鬼子后，缴获了一些日用品，通讯员惦记着赵政委没有吃饭家伙，就给她留了一个粗瓷大碗。其实，赵一曼之前有一个带把的洋瓷缸子，只不过她送给了新战士。这天晚上吃饭时，通讯员便用粗瓷大碗给赵一曼盛了一大碗高粱饭，心想这次政委总算可以吃顿饱饭了。

然而，面对那碗高粱饭，赵一曼却一口都吃不下去，她知道大多数战士都还在吃草根树皮，自己怎么能搞特殊呢？于是趁大家不注意，她又偷偷把高粱饭倒进了锅里，然后盛了半碗清粥。炊事员老李看见了，几次话到嘴边都没有说出来，只是眼里早已涌满了泪水。

到了第二天吃饭时，赵一曼的粗瓷大碗又不在了。通讯员急了，嚷嚷道："我们的好政委呀，就算有一百个碗也不够你送人啊，这样丢来丢去的，你自己用啥吃饭呢？"赵一曼幽默地说道："放心吧，革命的饭碗是一辈子都不会丢的！"不过这次，赵一曼并没有把粗瓷大碗送人，她只是不想独用。经她提议，粗瓷大碗后来被用作战士们的菜盆了。如今，这只碗还陈列在中国军事博物馆，是国家的一级文物，有着非常重要的历史意义。

战士们都知道，他们的女政委在上海、武汉等大城市里住过，在莫斯科留过学，是为了革命和抗战，才不辞辛苦来到东北的深山密林里，与大家同甘共苦，忍受饥寒冻饿，风餐露宿、不畏强敌……女政委尚且如此，他们又有什么理由退缩和抱怨呢？

休息的时候，赵一曼喜欢给战士们讲革命故事，教他们唱抗战歌曲，以鼓舞士气。比如一首抗战歌曲里唱的"天大的房子，地大的炕，火是生命，森林是家乡，野菜野兽是食粮"，就是他们行军生活的真实写照。赵一曼还教给战士们四首《露营之歌》，其中一首这样唱道："铁岭绝岩，林木丛生，暴雨狂风，荒原水畔战马鸣。围火齐团结，普照满天红。同志们！锐志哪怕松江晚浪生。起来呀！果敢冲锋，逐日寇，复东北，天破晓，光华万丈涌。"这是第三军的李兆麟等人创作的抗战歌曲，在那样无比艰苦的岁月里，这样慷慨激昂的歌曲给了战士们多少力量啊！

1935 年的整个秋天，赵一曼都和第三军二团的战士在一起，穿梭在深山密林里，和日本鬼子斗智斗勇。许多战士的脸和手都冻得红肿，一道道口子被寒风吹着刺骨的疼，脚几乎都失去了知觉。但当他们看到头戴皮帽、身穿军衣、手握双枪、身骑白马的赵政委英姿飒爽地走在队伍前时，心中就燃起了希望的火焰，行军时脚步也更加轻快有力！

第二节　左撇子沟显神威

一

1935 年对东北人民革命军来说是非常艰难的一年，这年日伪军在抗日根据地实行大扫荡和烧光、杀光、抢光的"三光"政策，对珠河地区的军民造成了很大损失。为了保存实力扭转时局，同年 10 月，赵尚志带领第三军主力远征松花江下游，准备开辟新的抗日根据地。远征时，留下一师的二团和三团，继续在珠河地区与日伪军周旋。

第三军主力远征后，日伪军开始对珠河地区进行更加残酷的扫荡和侵略，妄图把一师二团和三团彻底消灭。

11 月 14 日这天，赵一曼和王惠同带领二团的 150 多名战士，来到了左撇子沟附近一个叫安山屯的村子。这里本来属于抗日根据地，但在日伪军"三光"政策的摧残下，早已是满目疮痍，破败不堪，屯子里几乎没有一间完整的房子了。面对此情此景，赵一曼心中一阵悲凉。

"村子里的群众基础怕是已被破坏，没办法隐藏了，我们必须转移到安全的地方。"赵一曼对团长王惠同说。

王惠同表示同意，对战士们说："此地不能久留，我们马上撤到山里去！"

于是，二团的战士们都转移到了左撇子沟白雪茫茫的山林中。他们找了个避风点儿的地方，生起几堆篝火，围坐在一块大石头上，研讨行军路线。按照事先的部署，赵一曼在地图上标出了第二天转移的地点延寿县。

然而赵一曼等人不知道的是，就在这天夜里，附近村子里的一个汉奸，将他们的藏身地点报告给了驻扎在附近的日伪军。

日伪军知道消息后兴奋不已，很快纠集起日军横山炮兵一部、岗田正木部预备队一部、吉田队一部，以及伪警察队第三中队共 500 多人，制定围攻计划，准备于破晓时分发动袭击。第二天一大早，日伪部队就分别从乌吉密、一面坡、梨树镇和珠河县出发，兵分四路向左撇子沟围了过来。

赵一曼和王惠同发现敌情后，立即指挥二团战士抢占南山有利地形，做好了战斗准备。上午 10 时许，战斗打响。敌军 500 多人，二团战士才 150 余人，敌我力量过于悬殊。不过，二团战士个个精神抖擞，临危不惧，开战后，他们视死如归，以一当十，把一颗颗仇恨的子弹射向了敌人。

战斗持续了一整天，赵一曼和王惠同率领二团战士打退了敌人的六次猛烈进攻。战斗中，二团战士击毙日伪军横山部机关枪队队长古谷清一、小队长芹泽、特务曹长户等一等兵 30 多人，不过由于敌人炮火过于猛烈，二团的损失也很大。

天黑了，日伪军有所忌惮，暂时停止了攻击，他们在黑暗中一点点靠近，缩小着包围圈。此时二团的战士们藏身在春秋岭，观察着敌人的一举一动。赵一曼和王惠同商量说："敌人的包围圈在不断缩小，这样干等下去不是办法，我们必须得连夜突围出去。"听了政委和团长的话，战士们立马来了精神。

赵一曼扫视了一眼部队，看到有很多伤员，心中十分难过。她想，带着这么多伤员一起突围，恐怕冲不出去，必须得有人留下来打掩护才行。于是，她对王惠同说："给我留下一个班，我打掩护，你带着其余的战士们杀出去。西北方向敌人的兵力相对薄弱，可以突围。"

王惠同一听急了，说："坚决不行，你是女同志，不能把你留下来孤军作战，还是我来打掩护。"

赵一曼非常严肃地说："这个时候了还分什么男女，女同志就不能打掩护吗？你是团长，你的责任就是把部队安全带出去，别管我们，你们快走！"

谁都知道，在突围战中，打掩护的后卫部队是最危险的，一般他们都抱着必死的决心为突围战士争取时间，到头来不是被打光就是被合围，生存机会非常小。赵一曼选择打掩护，无疑是下定了必死的决心。

王惠同知道赵一曼的倔脾气，她下定了的决心任谁也动摇不了，于是又拿出两夹子弹给赵一曼，说："那好，我们一冲出去，就会从外围夹击敌人，到时你们趁机撤到帽儿山，咱们在那里会合！"说完，就率部隐入了西北方的山林中。

不一会儿，王惠同的部队就被日伪军的巡逻兵发现了，西北方响起了枪声。为了分散敌人注意力，牵制敌人，赵一曼把十几个战士召集起来，在山头生起一堆堆篝火，声东击西，迷惑敌人。

敌人分不清虚实，集中兵力向山头篝火的方向猛烈攻击，子弹和手榴弹如雨点般向赵一曼等人飞来。赵一曼毫无畏惧，带领不多的几个战士奋勇还击，顽强抵抗，击毙了一波又一波冲上来的鬼子，不过由于兵力悬殊，她身边的战士也越来越少，最后就只剩她一个了。突然，赵一曼左肩一麻，中了一枪。

这时西北方的枪声也越来越弱，赵一曼估计王惠同已率部冲了出去，于是就在附近一个很深的荒草坑里藏了起来，手握一枚手榴弹，打算随时和鬼子同归于尽。枪声平息后，鬼子开始巡山，不过并没有发现赵一曼。

抗日英雄
赵一曼

二

赵一曼在满是积雪的荒草坑里躲了半夜，估摸着敌人都已经撤了，这才忍痛从坑里爬了出来。她受伤的肩膀在寒风中疼痛刺骨，手脚也冻得几乎失去了知觉。

这时已是16日后半夜了，由于是月中，所以月亮还没有落下去。赵一曼借着月光简单包扎伤口后，便向帽儿山走去，她很担心王惠同率领的二团战士，不知他们是否已成功突围去了帽儿山。途中，她遇见了突围战中被打散的铁北区委宣传部部长周伯学、联络员刘福山，以及年仅十六岁的女战士杨桂兰。

杨桂兰一见到赵一曼，就忍不住哭了起来："政委，二团被打散了，王团长他……"说到这里，杨桂兰已泣不成声。

赵一曼急了："王团长他怎么了？"

杨桂兰强忍着悲痛告诉赵一曼，王团长突围时身受重伤，子弹打完后被鬼子抓走了，二团的战士们也被猛烈的炮火冲得七零八散，最后突围出去的仅有十几人。赵一曼听后又悲痛又焦急，她不知道王惠同被捕后情况如何，也不知道突围出去的战士们怎么样了，只得和三人先向帽儿山靠拢。

天快亮时，赵一曼他们又在山沟里遇见了老于。老于是左撇子沟侯林乡的进步百姓，不久前为了抗战才加入二团，他告诉赵一曼，二团突围出去的十多人已与三团会合，如今鬼子仍在到处搜查，还是先躲一躲为好。于是，赵一曼等人暂时转移到了老于家的窝棚里养伤，等待时机。

然而不幸的是，等着赵一曼他们的，却是噩梦一般的坏消息。11月18日，日伪当局的《大同报》上，刊登了一篇题为《一面坡友军大激战，讨伐"共匪"百五十名》的消息，宣扬日伪军的"赫赫战功"；20日，日伪军把审讯时骂不绝口、死活不透露半点消息的王惠同押往左撇子沟枪杀了。

王惠同英勇牺牲的地方离村民张宝凤家不远，鬼子走后，张宝凤抬出自己家的一个米柜，把这位威武不屈的抗日英雄埋葬在了路边。新中国成立后，珠河人民为了纪念王惠同，把他牺牲时所在的村子改名为了惠同村。

就在王惠同牺牲后不到两天，赵一曼等人的噩梦到了。赵一曼在老于的窝棚里养伤，眼看着就要好了，可没想到用火化雪烧饭时冒起的炊烟，引起了当地一个假装进山砍柴的汉奸的注意，汉奸立即报给了伪军特务米振文，米振文又报告给了驻扎在附近的日伪军。

11月22日，鬼子警务指挥官远间重太郎带领30多个日伪军包围了老于的窝棚。这时，赵一曼等人还不知道已走漏了消息，通讯员刘福山刚走出窝棚，就被鬼子一枪打倒在地。赵一曼一听枪响，立马抽出双枪，靠近门口探视，只见外面隐隐约约有几十个鬼子。这时，汉奸米振文喊道："你们已经被包围了，放下武器，赶快出来投降吧！"

二团的战士岂是那么轻易就投降的吗！愤怒的赵一曼对准敌人"砰砰"就是两枪，瞬间击毙了两个鬼子，周伯学、老于和杨桂兰也都拿起枪和鬼子拼杀了起来。敌人本以为不费吹灰之力就能拿下几人，没想到这一仗竟打了半个小时。半小时后，赵一曼等人的子弹打完了。老于为了给其余三人争取逃跑

抗日英雄 赵一曼

时间，拿起一把整地的耙子就冲向了鬼子，可是没跑几步，就被子弹打中，壮烈牺牲了。

到了最关键的时刻，赵一曼宁愿战死也不愿投降，就在老于冲出后，她也趁机冲了出去。不料刚冲出去，一颗子弹就打在了她的大腿上，另一颗子弹打中了她的左手腕，她一头栽倒在了雪地里，渐渐失去了知觉。

就这样，赵一曼、周伯学和杨桂兰被日伪军逮捕了。赵一曼伤势很重，腿上中弹处骨头外露，血水濡湿了大片的衣服，寒风一吹，冻得硬邦邦的衣衫摩得伤口钻心地疼。她受伤不能走路，日伪军就抓来群众把她抬到了徐家大院，然后换乘牛车，押解着前往珠河县城。牛车在山路上颠簸不已，杨桂兰紧紧搂住赵一曼，以减轻她的痛苦。赵一曼被牛车颠醒后，发现车上另有几名被捕的第三军战士，于是安慰了他们几句。

牛车走进珠河县城时，赵一曼挣扎着坐起来，对同车的几个战士说："同志们！都打起精神来！咱们要让老百姓看到，第三军的战士不是懦夫！"面对街上围观的群众，她带头高喊："打倒日本帝国主义""推翻伪满政权""不做亡国奴"！面无惧色，大义凛然。

第六章 刑讯岂能便折节

第一节 义正词严斥责敌首

—

赵一曼受伤被捕后，日伪讨伐队把她押送到了珠河县警察署。

珠河县警察署在一个四合院内，是两栋二层的楼房。院内的东西厢房是男女监狱，离监狱不远处有一个日军的狼狗圈。监狱四周的高墙上，布满了高压电网，警察署的楼顶上装着射向四周的探照灯和机枪眼，楼下设有审讯室。

赵一曼被关进了一所阴暗潮湿的地牢里。和她关在一起的，还有年仅十六岁的女战士杨桂兰。一年前，朝气蓬勃的杨桂兰在听了赵一曼的一次演讲后，决心加入赵一曼的抗日队伍，跟着她一起打鬼子，保卫家园，不料如今却被捕了。

在牢房里，赵一曼对杨桂兰说："待会鬼子审问的时候，你就说你是我雇来伺候我的，敌人见你年龄小，又查不出实据，就会放你走。"可是，杨桂兰死活不同意，说什么也要和赵一曼在一起，照顾她。

赵一曼无奈地说："傻丫头，敌人是不会轻易放过我的，你不要跟着我做无谓的牺牲。多活一个人，就会多一份抗日的力量啊！"杨桂兰听后说："我不管，我要留下来，我走了谁来照顾你呢，要走咱们一起走！"面对和自己一样倔强的杨桂兰，赵一曼一时也没有办法。

日伪讨伐队逮捕了几名抗日志士的消息，很快就传到了伪满滨江省公署警务厅，引起了警务厅特务科外事股长大野泰治的注意。大野泰治意识到此次逮捕的女人可能非同小可，于是专门从哈尔滨赶回滨江县，准备亲自审问赵一曼。

据大野泰治后来回忆说，"赵一曼当时腿部受伤，由于日军用的是七九步枪子弹，伤口很大，流血过多，随时可能丧命。她穿着一件黑棉衣，腰下被血染透，裤管里灌满了血，在不断往外渗，碎骨片散乱在肉里，有24块之多，甚至面临截肢的危险。她脸伏在台子上，头发散乱，一个十几岁的小姑娘坐在旁边照料着她。"面对如此惨状的赵一曼，心狠手辣的大野泰治一点都没有手软。

大野泰治见赵一曼伤势很重，怕她活不了多久，于是想趁早审问一番，挖出一些有用的情报来。在大野泰治看来，一个受了重伤的女子，不管心理上还是生理上都很脆弱，只要严加拷问，要获得一些有用情报应该是很容易的，然而他错了，而且是大错特错，错得离谱。

大野泰治来到赵一曼跟前，厉声说："喂，抬起头来！"

赵一曼缓缓抬起头，目光像子弹一样射向了大野泰治。她镇定地盯着面前的鬼子，眼睛里满是仇恨和愤怒。

　　大野泰治看到赵一曼毫不畏惧的坚毅神情，心中不觉一惊，知道此人非同小可，便问："叫什么名字？"赵一曼冷冷地说："赵一曼！"大野泰治又问："今年多大年纪了？"赵一曼："三十！"大野泰治："哪儿人？"赵一曼："四川宜宾。"大野泰治："做什么工作的？"赵一曼随口说："在妇女抗日会工作！"

　　大野泰治见审问还算顺畅，就又问："你一个南方女人，跑东北来干什么，为什么要从事抗日活动？"

　　赵一曼听后怒了，厉声斥责道："你一个日本人，跑我们中国来干什么？你们日本人在我们国家烧杀抢掠，强占土地和资源，迫害我们的同胞，害我们流离失所，你竟然问我为什么抗日？因为我是中国人！是中国人就会反抗！"

　　大野泰治没想到赵一曼突然变得如此激动，便搬出一些陈词滥调来，说日本人来中国是为了建立"东亚共荣圈"，解放贫穷的中国人民的。赵一曼听后愈加愤慨，毫不留情地揭穿了日本侵略者的谎言。

　　从赵一曼强硬的态度中，大野泰治隐约觉得可能抓到了一个共产党的高级女将领，于是问道："你是共产党员吧？在党内担任什么职务？"赵一曼说自己不知道共产党的事。大野泰治不甘心，又问道："你和抗日军军长赵尚志是什么关系，赵尚志现在在哪里？"赵一曼冷冷地说："我不认识赵尚志。"

　　大野泰治见问不出有用情报，一时间恼羞成怒。他拿起鞭子，用鞭把狠劲地在赵一曼腿部的伤口上捅了几下，狠狠地说："你老实交代，别糊弄我，否则我会让你痛不欲生。"赵一曼疼得浑身打战，但她抿着嘴，没哼一声，只是用愤怒的眼神盯着大野泰治。如果目光能变成刀子的话，大野泰治早就被千刀万剐了。

　　在赵一曼面前，大野泰治威严扫地，他又用鞭子在赵一曼的伤口上抽了几鞭子。赵一曼眼里冒着怒火，强忍着疼痛吼道："你干脆杀了我吧，我和你们日本人没什么好说的。"可是，残忍的鬼子怎么可能轻易放过她呢。不一会儿，在大野泰治的严刑拷打下，本来就很虚弱的赵一曼因失血过多昏厥了过去。

　　为了从赵一曼口中问出东北人民革命军的相关情报，大野泰治和远间重太郎商量，要想办法暂时保住赵一曼的性命。他们吩咐手下为奄奄一息的赵一曼找来了一个中国大

夫，并让审问时被隔开的杨桂兰回到地牢，好好照料赵一曼。

二

杨桂兰在阴冷潮湿的地牢里见到被敌人折磨得奄奄一息的赵一曼后，放声大哭起来。敌人也审问过她，不过她一口咬定自己只是一个农家女，关于赵一曼的身份她也不知道。敌人见她不过十几岁的样子，就信以为真，没有为难她。

赵一曼被杨桂兰的哭声惊醒，有气无力地安慰她说："别哭了小杨，我没事的。倒是你年龄还小，还有很多事要做，我一定会争取机会让你逃出去。"

"那你怎么办呀？"杨桂兰哭得更伤心了。

"我能挺过去。快别哭了傻丫头，让鬼子知道就不好了。"赵一曼强打起精神说道。

当晚，大夫给赵一曼注射了几针樟脑液，并检查了伤口，发现她伤势很重，就向大野泰治报告说："那姑娘流血太多了，我也不能保证让她活命。要是她能熬过今晚和明天，也许还有一丝希望。"大野泰治命令道："不管你用什么方法，一定要让她多活几天，这几天你就守在这儿给她治疗，若是她死了，我就一枪毙了你。"面对大野泰治的胁迫，大夫惶恐不安，夜里他又给赵一曼注射了一些强心药剂。

第二天，大野泰治去地牢里看赵一曼，发现她的精神状态很稳定，就又开始了新一轮的审讯。

可是，赵一曼依然宁死不屈，不肯透露半点消息。丧心病狂的鬼子不顾赵一曼身有重伤，又一次对她严刑拷打，用手拧抠伤口，用钢针划开腰腹、体侧和大腿的皮肤，一点点地撒盐，最后用竹签戳烂伤口，折磨得赵一曼面无血色，几次昏死过去。而赵一曼每醒来一次，大野泰治就审问一次，从早到晚，反反复复讯问很多次，但除了得到赵一曼的厉声斥责外，始终没有得到任何口供。

大野泰治见对赵一曼严刑拷打不管用，便想从其他人身上下手。他连夜提审了二十多个拘押在警察署的人，这些人有当地的村民，也有共产党成员和抗日志士。他们都很有骨气，在此前的审问中并没有透露什么情报，说的也无非是些瞎编乱造无关痛痒的信息。不过这次审问，大野泰治动用了更加严酷的刑法，终于有几个意志薄弱的人，提供了一些赵一曼的信息。

一个村民说："她是县委的一个工作人员，经常从一个屯子到另一个屯子，发表讲话，组织群众进行抗日斗争。她总是来去匆匆，行动很快，大家都很听她的话。"

另一个村民也说："有一次赵尚志到我们屯子里开干部会，我被叫去端茶倒水。进去时，我看到赵一曼也在里面，大家都很敬重她的样子，对有些干部提出的意见，只要她反对，赵尚志都会听她的。"

除了这些之外，无论大野泰治怎么拷打，两个村民都只说"不知道"。事后大野泰治整理审问记录，也只能初步确定赵一曼是一个县委委员，一个"以珠河为中心，把三万多农民坚固地组织起来的中心指导者"。即便如此，也足以让大野泰治意识到赵一曼的重要性了。

之后几天，大野泰治对赵一曼和其他被捕的人员又进行了反复审问，得到了一些或真或假的情报。他作了一份长长的报告，呈交给了伪滨江省警务厅和哈尔滨市日本宪兵队，他在报告中写道："赵一曼，1935年春被中国共产党派往东北组织抗日。同年夏天在哈尔滨，丈夫赵志明被宪兵队抓住杀了。其后她来到乡下，成立了珠河县委会，以赵尚志为中心，组织几万农民进行抗日活动。她是个核心人物和危险分子，必须尽快肃清她的追随者，不然珠河县委组织将蓬勃发展，不可遏制……"

这份报告引起了日伪当局的高度重视。当时，东北人民革命军在哈尔滨抗日游击区活动频繁，让日伪当局头疼不已。如今见大野泰治抓到了一个抗日军的核心人物，日伪当局怎能轻易放过？于是，伪滨江省警务厅下达命令，让把赵一曼转移到哈尔滨审问。

此时的赵一曼，由于连日来的严刑拷打，已经生命垂危了。她的伤口开始溃烂化脓，整个人发着高烧，加上连日来饭水不进，消瘦得不成样子。

这天大野泰治来到单独关押赵一曼的牢房，对她说："有好消息，你就要到哈尔滨去了，到那里我们会给你最好的治疗。"

赵一曼早就看淡了生死，看透了鬼子的嘴脸，她冷冷地道："去哪里都无所谓，只是我有一个条件。"

大野泰治有点惊讶："你还有条件？说说看，是什么条件？"

赵一曼说："你们把和我一块抓来的那个小姑娘杨桂兰放了，她只是当地的一个村民，我受伤后躲在她家，让她来服侍我的，你们放了她我就去。"

大野泰治在连日来的审问中早已见识过赵一曼的倔强了，看来不放杨桂兰，她是宁愿死也不会去哈尔滨的。考虑到杨桂兰年龄小，知道的也不多，于是就答应了赵一曼的条件。

第二天一早，赵一曼亲眼看着大野泰治释放了杨桂兰后，才同意前往哈尔滨。大野泰治挑了几个日伪警察，押着赵一曼上了火车。

第二节　生命垂危进医院

一

赵一曼被大野泰治押解到哈尔滨后，关押在了伪滨江省警务厅的一个地下室拘留所里。大野泰治和特务科长山浦公久、特高股长登乐松，以及特高股长兼警佐大黑照一等人召开会议，商讨该如何对付赵一曼。有的主张立即拷问，有的主张先送医院，有的则干脆建议直接杀掉。

登乐松认为，赵一曼被捕已有一段时间，这段时间里抗日军的行动部署多有变化，她早就不知道了，所以已没有多少情报价值。其实，赵一曼也确实不清楚赵尚志的部队现在到哪儿了，在日伪军的攻击下，抗日部队常常居无定所，出于安全考虑会经常转移，而且她被捕的消息走漏后，和她有关的作战计划肯定也随之改变了。

不过大野泰治等人不这么看，他们认为，百姓中盛传赵一曼是赵尚志的妹妹，就两人对老百姓的影响力来说，也不是没有可能。如今抓了赵一曼，正好可以引诱赵尚志上钩，"只要利用得当，比杀死几百个抗日军人还要管用"。

最后，鬼子头头们决定，先软硬兼施审问一番再说。他们见用硬的不行，就来软的，给赵一曼端来好饭好菜，用金钱和官职诱惑，甚至谎称只要她说出抗日军的行动计划就会放了她。对于鬼子的假慈悲，赵一曼一点都不买账，她把饭菜摔在地上，冷眼看着鬼子。

大野泰治等人相当无奈，他们又耗了几天。几天下来，赵一曼的伤口不断恶化，到了生命垂危边缘，开始昏迷不醒。不得已，他们只得把赵一曼送到哈尔滨市立医院去住院治疗。

抗日英雄

赵一曼

在哈尔滨市立医院的外一科病区，有一栋两层的日式小楼，赵一曼起初被单独关押在一楼左侧的第一个病房里。病房很小，只能摆得下一张床，病房外有日伪警察二十四小时轮流看守着。由于病情过于严重，几天后，她又被转到了较大一点的治疗室。

大野泰治请来了院长张柏岩，作为赵一曼的主治医师。张柏岩是辽宁省法库县人，医术非常精湛，手术刀在他手里就像活了一样，人送外号"张一刀"。他自 1929 年成为哈尔滨市立医院的院长后，经过几年努力，把原本的一所小医院发展成了哈尔滨最大的综合性医院，医术是很值得信赖的。

在担任赵一曼的主治医师期间，张柏岩对赵一曼多有照

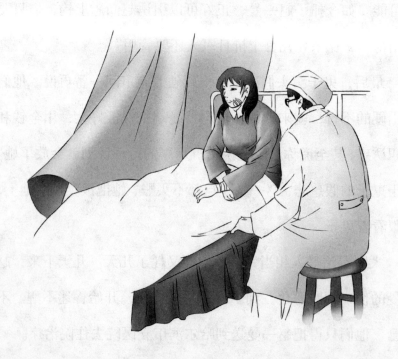

顾，虽然他不知道赵一曼的具体情况，但早已猜到她是一位举足轻重的抗日将领，对她很是敬佩。为了让赵一曼得到最好的治疗，他每天都花很多时间为她检查伤口、打针换药，甚至还要求大野泰治提高了她的饮食质量。

赵一曼的枪伤共有三处，肩膀和左手腕上的伤口经过几天的治疗，已经有所好转，而左大腿上的枪伤由于疮口面积大，且在审问中不断遭到鬼子毒手，早已溃烂化脓，一片一片白花花的碎骨片若隐若现，伤情十分严重，一般情况下，是要截肢的。幸好张柏岩医术高明，他被赵一曼坚强不屈的精神和忍耐痛苦的毅力深深感动的同时，通过手术保全了她的左腿。

可是赵一曼伤势好转一些后，又被大野泰治等人押去审问，鬼子再一次把她打得遍体鳞伤，不省人事。张柏岩看到后非常愤慨，对大野泰治等人喊道："你们既然让我给她治伤，就不要再无休止地打她，这样治好又打，打完又治，反反复复，什么时候是个头？她一个弱女子可禁不起你们这样折磨，而且我也不能保证下次就能把她救得活。"在张柏岩的照顾下，赵一曼治疗期间少遭了一点罪。

大野泰治让赵一曼在病床上把情报写出来，赵一曼想了一想，在一片纸上写了一首《滨江抒怀》的诗交给了他，诗中写道：

誓志为国不为家，涉江渡海走天涯。

男儿岂是全都好，女子缘何分外差？

未惜头颅兴故国，甘将热血沃中华。

白山黑水除敌寇，笑看旌旗红似花。

赵一曼这首诗的大致意思是说，自己为了国家远离家乡，来到东北抗日救国，不惜抛头颅、洒热血，定要将侵略者赶出中国，恢复大好河山。和许多男子相比，女子一点都不差劲！等到旗开得胜那天，才是笑看风云的时候。

大野泰治看到这首诗后，但见纸上的字遒劲有力，非常有气势，不禁感叹道："字写得很锋利啊！"不过诗的内容他看不太懂，于是拿去向警察署保安科科长吴奎昌请教，吴奎昌看后说："能写出这首诗的人，一定是个大有学问、了不起的女人！"随后对诗的内容作了简单的解释。

大野泰治等人本来想通过刑讯摧毁赵一曼的意志，没想到却遇到了一个有着钢铁般意志的女子，很是头疼。其实，鬼子审问除了想获取情报外，另一个目的是想让身为重要抗日将领的赵一曼投降，以此来打击抗日军民的抗日积极性，让他们的热情消退，心理崩溃，到时就不堪一击了！

不过在赵一曼面前，鬼子打错了如意算盘。她的一句"未惜头颅兴故国，甘将热血沃中华"，早已表明了为国捐躯的决心，她是要用头颅和鲜血筑起新中国的长城啊！

二

在张柏岩医生近 5 个月的精心治疗下，赵一曼度过了生命垂危期，身体慢慢好转起来。

一天，赵一曼透过病房的窗户，看到外面的天空瓦蓝瓦蓝，白云飘飘荡荡自由自在，小鸟儿也飞来飞去欢快地唱着歌，觉得一切都充满了生机。她不由得想起了自己美丽的家乡和家乡的亲人，二姐李坤杰、丈夫陈达邦、儿子宁儿、大姐夫郑佑之……不知道他们都怎么样了。虽然已抱定了必死的决心，但随着身体的逐渐恢复，她又重新燃起了生的希望，想逃出鬼子的魔掌。

就在这时，大野泰治因为要参加培训学习，被调去了长春，监视和审问赵一曼的任务便落到了特高股长登乐松的身上。1936 年 4 月，登乐松为了便于监视和审问，把赵一曼转移到了另一处单人病房里，并派了三个伪警察看守她。

这是一个有利的环境，赵一曼终于有了与伪警察单独接触的机会。她开始观察起这三个人，看能不能将他们争取过来，一起对抗日本鬼子。通过观察，她发现一位名叫董宪勋的年轻警察人很正直，好像并没有替日本人卖命。

其实，董宪勋一开始也不知道赵一曼是什么来历，只是觉得她平易近人，不像日本人宣扬的那样可怕，因而有时会主动和赵一曼说说话。每当这时，赵一曼就会抓住机会和他聊天。赵一曼问董宪勋多大了，董宪勋说二十七岁，又问日本人每月给他多少钱，他说也就十几块。

"那你为什么会选择当伪警察呢？"赵一曼终于把话转到了正题上。

董宪勋说："我本来是山东肥城县人，因为家里穷也没念过啥书，迫于生计，去年来到哈尔滨投奔叔父，经人介绍才到这里当了警察。"

赵一曼又试探着问道："你喜欢伪警察这个职务吗？"

董宪勋想了想，低声说："其实我一点都不喜欢在这里当警察，在这里总是看到日本人残害我们中国人，心里很不是滋味。"

经过个把月的观察和接触，赵一曼觉得董宪勋值得信赖，于是就把自己是珠河地区抗日工作者的身份告诉了他，并给他讲了一些日本侵略者在东北烧杀抢掠、无恶不作的血腥罪行，以及抗日军民和鬼子斗智斗勇、可歌可泣的英雄事迹。因为怕被日本人发现，两人每次交谈时间都不长，为此赵一曼想出一个办法，她把想说的话写在几张包药的纸上塞给董宪勋，让他偷偷带回家去看。

董宪勋在赵一曼的教育和影响下，爱国心和民族意识越来越强，同时对鬼子越来越仇恨。他热血沸腾，一心希望能够跟赵一曼到抗日游击区去，做一名反满抗日的战士。他已下定决心，要想办法帮助赵一曼逃出去。

1936年5月，又一个志同道合的人来到了赵一曼和董宪勋身边，她就是年仅十六岁的实习护士韩勇义。

韩勇义是辽宁省桓仁县人，她性格开朗、为人直爽，从小就好抱打不平。父亲韩文庆为她取名"勇义"，就是希望她长大后能够见义勇为，做一个正直的人。这一点上，父亲已为她做了很好的榜样。在韩勇义十二岁那年，九一八事变爆发，韩文庆因为支援马占山等人的抗日活动，被日本人拘捕后折磨致死，死前未曾透露半点情报。父亲的死对韩勇义打击很大，她恨透了日本人。

韩勇义第一次见到赵一曼时，赵一曼刚被日本人严刑审问过，处于半昏迷状态。据韩勇义的回忆，"赵一曼躺在担架上，脸完全被血迹淋淋的湿发遮住了，我用颤抖的手拢开她的乱发，一张苍白的毫无血色的脸显露了出来。她口中白沫直流，嘴角滴着血，两眼翻白，眼球凸出，鼻孔中气若游丝……她醒来后看见我，慢慢地抬起头，大口大口地喘气。"

有次韩勇义看到赵一曼受刑后痛苦的样子，心疼地说："赵大姐，要是实在忍不住，你就哭出来、喊出来，这样会好一些。"

赵一曼勉强一笑说："我是抗日战士，只能流血，不能流泪。"

韩勇义又问："鬼子既不想让你死，又不让把你的伤彻底治好，他们到底想干什么呀？"

赵一曼咬牙切齿地说："这是一场意志的较量，鬼子想用生不如死的办法摧垮我的意志，他们休想得逞。"

韩勇义被赵一曼不屈的精神深深感染，她给予了赵一曼最精心的护理。在两人慢慢地接触中，相互间有了更深的了解，很快引为同道中人。为了保护赵一曼少受伤害，每次鬼子来提审时，韩勇义总是以伤口恶化或刚服过安眠药意识不清醒为借口，尽可能地不让鬼子把赵一曼带走。

6月20日，日伪当局在《满洲日日新闻》上刊发题为《骑上白马的红衣美女，失掉丈夫投身于反满抗日运动，为了工作狂奔于密林》的消息，消息中说赵一曼是"受过苏联共产党教育的一个美女，作为党本部特派的妇女工作人员，在疯狂进行反满抗日运动中，运数已尽，和王惠同一起被捕"。同时，日伪报纸上还刊发了一张赵一曼躺在病床上的照片，照片中的她面容憔悴、奄奄一息。

董宪勋和韩勇义意识到敌人可能要对赵一曼下毒手了，于是决定尽快帮助赵一曼逃走。经过三人商讨研究后，董宪勋找到了叔叔董元策以及堂侄董广政，让他们准备好逃跑的轿子和进山的马车。韩勇义也偷偷变卖了自己的嫁妆，给赵一曼买了一件普通的蓝衫子，剩下的钱用来雇车。

6月28日是星期天，因为放假，敌人的监视并不怎么严。而且这天又是个阴天，易于掩护和隐藏，于是赵一曼等三人决定当晚逃走。

当晚九点，按照事先的计划，韩勇义给赵一曼换好衣服后，由董宪勋背着悄悄走出了医院。医院外，早就停着一辆雇来的俄国小汽车。三人上了汽车，向文庙方向驰去，到了文庙，换乘雇来的轿子。轿夫们抬着赵一曼一路奔波，天快亮时，总算到了董宪勋的叔叔董元策位于阿城县的家。

第三节　再度被捕刑法重

一

赵一曼从医院逃走后的第二天早晨，换班的日伪警察发现赵一曼的病房里没人了，原先值班的警察董宪勋和护士韩勇义也不见了，于是连忙向伪滨江省警务厅作了汇报。敌人获悉这一消息后，惊讶之余立即发出通缉令，封锁了进出哈尔滨市的各个路口，展开了全面追捕。

鬼子认为，赵一曼身受重伤，走不了路，只能坐车，应该先从车辆查起。经过一个上午的排查，他们在下午两点左右找到了赵一曼等人雇的那辆俄国小汽车，问过车主后，又顺藤摸瓜找到了抬轿子的五个轿夫。一番询问后，终于弄清了赵一曼逃跑的方向。

鬼子先是乘车去追，追到阿什河桥时，发现大桥被前夜的暴雨冲垮了，于是只好到附近的村子里强征了几匹马，快马追赶。

且说赵一曼等人逃到董宪勋的叔叔董元策家里后，已是凌晨时分，几个人又累又饿，加之又淋了半夜的雨，十分疲惫。好在总算可以吃上一顿热饭，有一个热炕可以睡一会儿觉。

董元策也是一个积极的抗日分子，他看到自己的侄子带来了两个抗日青年，其中一个还是大名鼎鼎的"红衣白马"女政委赵一曼，一时间很是兴奋，他告诉赵一曼说，他们家所在的这个屯子比较偏僻，平时很少有鬼子来，三人可以安心睡一觉，然后再到抗日游击区去。

第二天，董元策找来一辆马车，和堂兄董广政一起护送赵一曼等人逃往宾县的抗日游击区。

由于下过雨，道路泥泞很不好走，马车颠来颠去，让重伤未愈的赵一曼十分难受，幸好有小护士韩勇义紧紧抱着她。赵一曼想，这个情景是多么熟悉啊！她受伤被捕时，也是坐着这样的马车，旁边也有一个年仅十几岁的小姑娘杨桂兰照料。进哈尔滨受审时，车上有周伯学等被捕的革命同志，逃出哈尔滨时，有董宪勋一干热心帮忙的抗日积极分子，这就是运命的相似之处吧！只是不知杨桂兰被鬼子放出去后怎么样了，周伯学在牢里的情况又是如何？

马车沿着人烟稀少的山路前行，赵一曼看到了自己曾经战

斗过的地方，那些山峦、森林、旷野……也许不久之后她伤好了，又会拿起双枪，骑着白马，在这些深山密林里痛击日本鬼子，最终把鬼子彻底赶出中国。离宾县抗日根据地越来越近，她的心情豁然开朗起来。

这时已是 6 月 30 日早晨了，经过一天一夜的奔波，马车到了一个叫李家屯的村子，离抗日游击区还有不到二十里路。赵一曼看着熟悉的山岭和村子，高兴地对董宪勋和韩勇义说："翻过前面那道山梁，就到抗日游击区了，还有二十里路，再加把劲就到了！"

董宪勋一时间无比兴奋，在经过赵一曼的一番思想教育后，他现在已经是一个坚定的抗日分子了，他庆幸自己终于走上了正途，从鬼子的魔爪里解脱了出来。到了抗日游击区后，他决心跟着赵政委一心一意打鬼子，解救更多的父老乡亲。

韩勇义也松了一口气，她紧紧搂着赵一曼，说："赵大姐，咱们终于逃出来啦！到了抗日根据地，我能做些什么呢？"

赵一曼微笑着说："到时能做的多着哩，你可以到人民革命军第三军医院做护士，那儿有很多伤员需要照顾。"

韩勇义爽快地说："好，一切听从赵大姐安排！"

要是没有鬼子追来，这一切将是多么美好！然而说长不长说短不短的二十里路，竟然成了赵一曼等人逃亡的末路，他们最终没能走到尽头。

就在赵一曼和董宪勋、韩勇义高兴地聊着天，对未来做着美好规划时，他们身后不远处响起了马蹄声和枪声，鬼子骑马追来了！

董宪勋最先沉不住气了，他拔出手枪就想和鬼子拼命。这时赵一曼按住他，说："不行，硬拼的话大家都会死，我不想让你们白白牺牲。待会鬼子过来，你们就说是我花钱收买了你们，骗你们出来的，你们把责任都推到我身上，切记不可多说。"

赵一曼知道自己这次难逃一死了，她只想尽最后的努力让其他人存活下来。鬼子追上来后，她把所有事都往自己身上揽，说董广政和董元策是自己雇的马车夫，他们什么也不知道，董宪勋和韩勇义也是自己教唆收买的，他们并没有和日军作对的意思，希望能够把他们放了。

在赵一曼的争取下，董广政和董元策当场就被放走了，但董宪勋、韩勇义和她还是被重新押送回了伪滨江省警务厅。

赵一曼、董宪勋和韩勇义被捕后，敌人把他们押解回了哈尔滨伪警务厅刑事科，分别对他们进行了严刑审问。

日本宪兵对董宪勋施以酷刑，想问出赵一曼要把他们带到哪儿去，共产党的地下组织在什么地方？鬼子威逼利诱说，只要董宪勋肯服软，肯提供一些有用情报，就可以放了他，甚至还可以让他重新做一名伪警察。

然而，此时的董宪勋早已不是当伪警察时的董宪勋了，他现在是一名无比坚定的抗日分子，面对鬼子各种各样的刑法，他态度坚决，什么也不肯招供。一个多星期后，受刑过重的董宪勋在牢里英勇牺牲，终年二十七岁。

护士韩勇义同样受到了严刑拷打，她的态度也无比坚决。面对审问她的鬼子，她面无惧色、义正词严地说："我的身体中所流淌的热血，是中华民族的热血。我期待着将来的抗日战线得到扩大，把你们日本人从东北驱逐出去。"敌人审问结束

抗日英雄
赵一曼

后，在写给日伪当局的一份报告材料中说："目前在哈尔滨警务厅拘审中的韩护士，她仅是在很短的时间受了赵一曼的宣传，已具有根深蒂固的抗日思想。"

为了使韩勇义屈服，鬼子想尽了各种办法，他们把她绑在木凳上，将头扭到一边奋拉着，然后往鼻子里灌混合着煤油的辣椒水……年仅十六岁的韩勇义被折磨得死去活来。经过几个月的刑讯后，鬼子见实在问不出什么东西，就以"纵匪逃走"的刑事罪名判了她有期徒刑四个月。

韩勇义刑满释放后，一直受到鬼子监视，直到抗战胜利后才有了行动自由。然而，在狱中时鬼子的严刑拷打早已摧垮了她的身体，她得了胸膜炎和脓胸等慢性病，一直无法治愈。1949 年 2 月 12 日，年仅二十九岁的韩勇义因肺病复发，医治无效去世。

在被捕的三人中，如果说董宪勋和韩勇义的结局让人扼腕叹息的话，那么赵一曼的结局就真正是惨不忍睹了，鬼子在她身上施加的罪行令人发指，不可原谅。

赵一曼再次被捕后，外号"林大头"的伪警务厅特务科搜查主任林宽重亲自出马审问，他先是指使手下动用几十种酷刑来逼供，让赵一曼说出赵尚志及其部队的下落，赵一曼不说，他就严刑伺候。下面简要摘录一些伪滨江省警务厅对赵一曼的刑讯记录：

"把竹签一根一根地扎进指甲缝里，再一根一根拔出来，接着换成更粗更长的签子一根一根扎进去，再一根一根拔出来；后来改用铁签，烧红后扎进一个个指甲缝里；最后，把裂开的手指和脚趾指甲一片片拔下，用钳子反复敲打指头，把一个个带血的残废指头慢慢浸在盐水桶里……从下午一直行刑到深夜。

　　"一口接一口地往下灌掺有小米和辣椒水的汽油，肚子鼓胀得似皮球，再用杠子在肚皮上一压，灌进去的东西又全从口鼻中喷出来。灌进去的时候是小米，喷出来的时候是颗颗豆粒般的血珠。反复数次。

　　"用烧得通红的烙铁，烙烫赵一曼女士的身体，烧得皮肉嗞嗞嗞地响，大量的青烟不断地冒出来。……赵一曼女士脸色灰白，冷汗涔涔，先是狠狠地瞪着审讯她的人，未发出一声呻吟，渐渐地明显支持不住了，昏死过去。立即被冷水泼醒，继续烙烫，刑讯室里充满了皮肉烧焦的煳味。"

　　以上的这些酷刑，其实在赵一曼第一次被捕后鬼子就不厌其烦地用过，由于赵一曼不肯屈服，所以鬼子认为这些都只是"轻刑"。除此之外，鬼子用过的所谓"轻刑"还有老虎凳、竹筷夹手指和脚趾、拔牙齿、扭胸肉、剥肋骨等。每次赵一曼昏迷后，鬼子就用冷水泼，用化学药水熏，并大量注射强心针和樟脑液，猛灌掺有咖啡因的高浓度盐水，而目的只有一个，就是让赵一曼醒来，然后继续用刑。经过无数次的反复失败后，这些刑法在赵一曼眼里都成了小儿科。

赵一曼的不肯屈服，让鬼子觉得"很没面子，伤了日本军人的自尊"。

日本特务林宽重对此非常恼怒，他于 7 月 25 日把几个鬼子头领和刽子手召集在一起，商讨该如何处置赵一曼。特高股长登乐松认为赵一曼的意志顽固坚定，无论如何审问也不会得到答案，还是杀了为妙。这时警佐大黑昭一说："虽然前几次审讯赵女士，她一直都一声不吭，但第一次用电刑她还是连声喊叫，看来电刑比其他刑法有效，不妨再用电刑试一试。"

原来早在 4 月 29 日，鬼子就对赵一曼用过电刑，当时用的是传统电刑，赵一曼虽然痛得喊叫，但只是怒目而视，什么也没有吐露。

林宽重听了大黑昭一的话后说："我听说帝国最新发明的新式电刑刑具效果很好，许多硬汉子都扛不住，我想对付一个女人应该不成问题。"随后，林宽重和伪警务厅厅长涩谷三郎决定，用刚从日本运来的新式电刑刑具对赵一曼展开新一轮审问。

林宽重的手段非常毒辣，在抗战期间他审讯处决的抗日志士不下一百个，直接刑讯致死的就有七八个。面对这样的恶魔，赵一曼走到了人生最悲惨的时刻，也是她生命最后的时刻。

三

在各式各样的酷刑中，电刑可以说是最现代化和最为残酷的一种，它是人类文明的耻辱，是一种惨无人道的发明。受电刑的人会感到一种无法言喻的巨大痛苦，即使有钢铁般意志的人，也很难在电刑的折磨下坚持得住。不幸遭受电刑的人，往往只有一个念头，那就希望立刻死去。

日本鬼子进入中国后，为了镇压中国人民的反日斗争，大量引进电刑刑具，并不断进行改良。抗日英雄赵一曼，很不幸地成了第一个被鬼子用专门针对女性设计的电刑刑具审讯的中国女人。

7月26日，罪恶的日本特务林宽重来到刑讯室，再次问赵一曼："赵尚志的部队到底在哪里，你最好老实交代，我只给你三分钟时间。"赵一曼狠狠地说："不知道！"林宽重又问："那你到底为什么抗日？"

赵一曼想也没想怒斥道："这个还用问吗？你们这些日本鬼子，在我们中国的土地上杀人放火，横行霸道，掠夺资财，强奸妇女，干尽了坏事，哪一个中国人不想把你们这些禽兽不如的东洋鬼子赶出中国？我的主义就是抗日，我的信念就是抗日。"

林宽重气急败坏地说："我听手下人说你的骨头很硬，他们费了很大工夫也不能让你开口，真是了不起。今天我就让你

抗日英雄 赵一曼

尝尝帝国新式电刑的滋味，看你还能嘴硬到什么时候。给你最后一次机会，你说还是不说？"

赵一曼没有回答，只是用愤怒的目光瞪着林宽重。

林宽重让特高股长大黑昭一和特高警副森口作沼亲自对赵一曼施加电刑，指示两人"不要有任何顾忌""要慢慢地跟这个女人耗，不能停，不能让她有喘息的机会，直到电刑摧垮她反满抗日的意志，撬开她的嘴"。

就这样，自赵一曼被捕后最惨无人道的刑讯开始了。据森口作沼后来的供述说，当大黑昭一接通电源开关后，赵一曼的头仰了起来，眉头紧锁，身体像筛糠一样颤抖，胸肌不停地抽搐，插在身上敏感部位的钢针也在有节奏地抖动。没一会儿，额头和胸口就渗出了黄豆般大小的汗珠。她忍着如此难熬的钻心剧痛，竭力控制住不让自己抖动，拼命咬着牙不喊叫出声，只有嗓子眼儿里发出一点轻微的痛苦呻吟声。

看到赵一曼一声不吭，林宽重示意加大用刑力度。之后，随着一股股毫无规律的电流涌进身体的敏感部位，赵一曼全身肌肉颤抖的频率越来越大，伸在半空的双手，不时地紧紧攥成拳头，然后又松开，没有指甲的十指向前伸挺，撑裂了刚愈合不久的疮痂，血珠从一根根光秃秃的手指头裂纹中沁透出来，刚才低沉的呻吟声变成了小声地喊叫。

鬼子继续加大电流强度。突然，赵一曼猛地挺起了胸脯，张开嘴巴，发抖的双唇一开一合地挣扎着，十几秒后终于极不情愿地从压抑的喉咙里喊出了撕心裂肺的"啊啊"声，那种惨叫声完全不像是从她嘴里能发出来的。又过了几分钟后，强烈的痉挛使得赵一曼浑身的抖动越来越剧烈，节奏也越来越快。

为了不让赵一曼过快地昏死过去，林宽重命令大黑昭一不时地改变用刑力度。不断变化的电流，让赵一曼一直处于猝不及防的精神状态下，难以名状的痛苦一次比一次难以承受，完全无所适从。

行刑人森口作沼供述称："她时而平静，时而发抖；一会儿胸脯向前猛挺，一会儿下身腹部往后收缩；嘴巴又张又合，嘴唇战栗一次比一次久；身体肌肉痉挛的节奏忽快忽慢，身体的抽搐也时断时续，持续时间一次比一次长；令人心悸的惨叫声忽起忽落，越来越惨烈……可怕的痛苦形状变化无常。"

用刑期间林宽重又一次逼问赵一曼，让她招供。赵一曼冷眼以对，用力把一口带血的唾沫喷到了林宽重的脸上，并大骂其"下流，无耻！"气急败坏的林宽重让大黑昭一按照事先制定的方案继续调节电刑力度。痛苦达到了极限，赵一曼的精神趋于崩溃边缘，身体完全失禁，局部组织Ⅱ～Ⅲ度电烧伤，皮肤呈皮革状和炭化状，刑讯室里散发出一股股恶臭……

拷问断断续续持续了七个多小时。电刑造成连续不断的剧痛，已超过了任何人都不能承受的极限。赵一曼终于被折磨的昏死了过去，除了大腿等部位的肌肉本能地抽搐外，已没有任何反应。

当鬼子把她从行刑架上卸下来时，"她浑身上下湿淋淋淌着汗水，口中直流白沫，舌头外吐，眼球突凸，两眼变红，瞳孔微微放大，下嘴唇也被她自己的牙齿咬得稀烂……"森口作沼回忆说，"赵女士原本是个外表美丽极富书卷气的消瘦女子，现在整个眉眼口鼻全都可怕地改变了形状，根本不像一张人的脸了，那副模样实在是惨不忍睹。"

赵一曼忍耐电刑的能力大大超出了鬼子所料，吓得鬼子冷汗直流。林宽重不断用手巾擦着汗水，长吁一口气说："这个女人居然如此顽固，连帝国最新式的电刑都摧垮不了她的意志！这怎么可能？该不会是电刑设备出问题了吧？"

不过7月29日由特务科提交的一份《关于审讯赵一曼女士效果的报告》，打消了林宽重的疑虑。报告中写道："对赵一曼女士的电刑，操作准确，新式电刑器具功能发挥正常，给了赵一曼女士超负荷的最大压力。在长时间经受高强度电刑的状态下，赵一曼女士仍没有招供，确属罕见，已不能从医学生理上解释。故审讯未得到理想效果，一是赵一曼女士有很高的文化修养和激昂的抗日态度，属顽固不化的思想犯；二是赵一曼女士已抱定必死之决心，且意志之顽强令人难以置信，单纯的审讯已无法改造其反满抗日的思想。"

面对如此事实，林宽重无可奈何，叹着气说："既然这样，那么就枪毙了吧！"就这样，赵一曼在受尽折磨后，终于走向了生命的尽头。

第四节　惜别幼儿赴国难

电刑带给赵一曼的痛苦，是其他任何痛苦都无法比拟的。通过各种记载资料，我们看到了一个威武不屈的抗日英雄，同时也看到了日本侵略者惨无人道的禽兽行径。面对电刑，赵一曼的民族气节令国人敬仰，让鬼子汗颜。

1936 年 8 月 2 日，体无完肤的赵一曼被日本宪兵押上了开往珠河县的火车，那里将成为她最后的抗争之地和归宿。

此时的赵一曼，虽然戴着沉重的手铐和脚镣，全身上下伤痕累累，但她的心情却极为平静，她知道自己在这场意志战中胜利了，她没有出卖自己的同胞，没能让日本鬼子的险恶用心得逞。在遭受这么多的磨难后，死算什么，不过是一种解脱罢了。

清晨的薄雾笼罩着原野，车窗外不断闪过田地、村庄和山林。看着这些熟悉的景物，赵一曼不禁回想起了自己短暂的一生。她想到了自己的同学、亲人和战友，特别是出生后不久便骨肉分离的宁儿。她离开宁儿的时候，宁儿才一岁多点，如今五六年时光过去了，宁儿也已七岁，该是上学的时候了吧！一直以来，赵一曼忙于革命工作和抗日工作，没有好好照顾过自己的孩子，现在即将离开世界，她觉得应该给儿子留下点什么。

赵一曼向押解她的特务科长山浦公久要了一张纸和一支笔。山浦公久很是高兴，他以为赵一曼惧怕死亡，想要招供了，于是赶忙找来了纸笔。只是，愚蠢的鬼子怎么能想到，赵一曼要纸笔，只不过想给自己的儿子写个遗嘱，让他铭记历史，与侵略者抗争到底。赵一曼给幼小的儿子写了两份催人泪下的遗书，其一这样写道：

宁儿：

母亲对于你没有能尽到教育的责任，实在是遗憾的事情。

母亲因为坚决地做了反满抗日的斗争，今天已经到了牺牲的前夕了。

母亲和你在生前是永久没有再见面的机会了。希望你，宁儿啊！赶快成人，来安慰你地下的母亲！我最亲爱的孩子啊！母亲不用千言万语来教育你，就用实际行动来教育你。

在你长大成人后，希望不要忘记你的母亲是为祖国而牺牲的！

一九三六年八月二日

你的母亲赵一曼于车中

在另一份遗嘱中，赵一曼写道：

亲爱的我的可怜的孩子啊：

母亲到东北来找职业，今天这样不幸的最后，谁又能知道呢？母亲的死不足惜，可怜的是我的孩子，没有能给我担任教养的人。

母亲死后，我的孩子要替代母亲继续斗争，自己壮大成人，来安慰九泉之下的母亲！……我的孩子，亲爱的我的可怜的孩子啊！

母亲也没有可说的话了。我的孩子自己要好好学习，就是母亲最后的一线希望！

一九三六年八月二日
在临死前的你的母亲

这两份饱含着血泪和崇高母爱的遗书，被鬼子存入了日伪档案馆，得以保存下来，现陈列于中国人民革命军事博物馆抗日战争馆里。

赵一曼被押解到珠河县后，鬼子把她捆绑在马车上游街示众，和她一起游街示众的，还有老战友周伯学。周伯学被捕后面对鬼子的刑讯，也是宁死不屈，保持了一个共产党人应有的民族气节。此刻，两个并肩战斗过的战友戴着沉重的手铐脚镣，昂然端坐在马车上，气势逼人，视死如归。

面对众多围观的群众，赵一曼高唱起了《红旗歌》：民众

抗日英雄
赵一曼

的旗，血红的旗，收殓着战士的尸体，那尸体还没有僵硬，鲜血已染透了红旗。……我们红旗永远高举，我们前进永不间断，牢狱和断头台你来就来你的吧，这就是我们的告别歌。高高举起呀，血红的旗，誓不战胜总不放手，畏缩者你滚就滚你的吧，我们坚决死守保卫红旗！

　　游街示众完后，赵一曼和周伯学被日本宪兵押赴到了郊外的刑场。刑场上，赵一曼和周伯学昂首挺胸，态度从容，面对黑洞洞的枪口，高呼着"打倒日本帝国主义"等口号，毫无惧色。对此，鬼子档案中记载道："其态度从容，毫无惧色，令人震惊！"

　　枪声响了，赵一曼和周伯学倒在了血泊之中，前来送行的群众流下了哀痛的眼泪。然而，野蛮的日本人却不让群众替赵

一曼和周伯学收尸，而是任其暴尸荒野。

就这样，年仅三十一岁的赵一曼在远离家乡的珠河县英勇牺牲了。她虽然牺牲了，但她坚贞不屈的抗日精神却永世长存，活在人们心中。几十年后，当地群众为赵一曼举行了特殊的"影葬"，将她生前的照片埋放在了她殉国的地方。

是英雄，就总会被人记住，赵一曼驰骋沙场、英勇不屈的一生，永远铭刻在中国人民的心中，激励着人们奋勇前行。

抗日英雄
——赵一曼

第七章　浩然正气留人间

第一节　一部电影天下知

一

赵一曼英勇就义后的第二年，也就是 1937 年，这年 7 月 7 日日本侵略者制造了震惊中外的卢沟桥事变，发动了全面侵华战争。卢沟桥事变后，国共两党再次合作，中华民族进入了全民抗战阶段，越来越多的抗日英雄不断涌现出来。

经过艰苦卓绝的十四年抗战后，中国人民终于迎来了胜利。这期间，有多少抗日战士埋骨沙场，被历史遗忘，又有多少抗日英雄凯旋，被人们铭记。只不过，英雄永远是英雄，不管过多久，人们都会记得。

赵一曼就是一位被人们铭记的抗日英雄，不管过去多久，不管有多少新的英雄出现，她都是人们心中的榜样。

新中国成立后的 1950 年，一部名为《赵一曼》的电影进入了中国人民的视线。此时距赵一曼牺牲虽然已过去了十四年，但中国共产党并没有忘记她。此前一年，时任松江省（1954 年后并入黑龙江省）人民政府主席的冯仲云，向东北电影制片厂厂长袁牧之粗略介绍了赵一曼的抗战故事，并说："她是冰天雪地里的英雄，是值得用电影来表现的啊！"冯仲云原是东

126

抗日英雄
小故事

北抗日联军第三军的政治部主任，曾和赵一曼有过一面之缘，对赵一曼的英勇事迹略有了解。

然而，冯仲云对赵一曼的具体情况却是知之甚少，加之过去了十多年，他甚至都描绘不出赵一曼的样貌，这让担任《赵一曼》编剧的于敏深感为难。那时的于敏，还不知道赵一曼的原名叫李坤泰，也没有见过赵一曼的照片以及赵一曼写给儿子的信。为了写出真实的作品，他抱着"既然是传记性的艺术品，没有扎扎实实的生活原料决然出不了好作品"的心态，开始到东北去寻访赵一曼的足迹。

于敏来到赵一曼曾经战斗过的珠河地区，找到了参加过赵一曼领导的电车工人罢工斗争的王某、掩护过赵一曼的吕大娘、为赵一曼治过伤的张柏岩大夫，以及十六岁就成为抗联女战士的李敏等人，通过这些人零零碎碎的讲述，一个完整的赵一曼形象在于敏笔下完成了。

电影《赵一曼》于 1949 年 9 月开拍，影片中的赵一曼由石联星扮演。石联星生于 1914 年，比赵一曼小九岁，她很早就参加了革命，搞过工人运动，经历过战火和监狱的考验，曾是抗日救亡演剧队的演员，不仅有丰富的革命经历，而且有很高的表演素养，由她来扮演赵一曼是再合适不过的了。周恩来得知要筹拍《赵一曼》时，就曾推荐说："找石联星演赵一曼这个角色吧！她和赵一曼有相似的经历，我相信她一定能演好。"

1950 年 5 月，电影《赵一曼》拍摄完成并在全国上映。影片讲述了赵一曼在东北期间，领导工人开展罢工斗争，组织群众进行抗日活动，浴血奋战，英勇杀敌，最后不幸被捕，为国献身的英雄事迹。电影通过对战场、监狱、医院和刑场等场景的生动描绘，表现了赵一曼在不同环境里面对敌人时，坚贞不屈的民族气节和视死如归的英雄气概。

电影在国内上映后，引起了巨大反响，随后又在苏联、印度等国上映，广受好评，被认为"对反对侵略战争有伟大贡献，鼓舞人民反对侵略战争的罪恶"。扮演赵一曼的石联星，也由此获得了当年第五届国际电影节最佳女演员奖，成了新中国第一位在国际上获奖的女演员。

赵一曼的故事感动着新中国的亿万群众，内心深受震撼的人们迫切地想知道赵一曼究竟是谁，她出生在哪儿，又有怎样的成长经历。总之一句话，大家对这位巾帼英雄有太多的期待。

然而，在革命和抗战年代，为了保密工作的需要，很多人都使用了化名，而且不止一个，那么赵一曼究竟是她的真名呢还是化名，人们无从知晓。抗战结束已经多年，当年和赵一曼并肩战斗的许多战友都已不在，要想知道赵一曼的身世，似乎有点困难。

二

在电影《赵一曼》的万千观众中，有一位叫李坤杰的。李坤杰时任川南行署监察委员和川南区妇女干部，看了电影后，她感动得热泪盈眶，不由想起了自己早年参加革命的妹妹李坤泰。只是，她从没想到电影里那个坚贞不屈的抗日英雄就是自己的小妹，因为她和小妹失去联系时，小妹一直叫李坤泰。

在连年战乱平息后的和平日子里，人们开始四处寻访在战争中走散的亲友。李坤杰于是也向党组织汇报了情况："小妹李坤泰，在宜宾女子中学读书时叫李淑宁，在报刊发表文章时用笔名李一超。1926 年冬，她经宜宾党组织推荐报考中央军事政治学校，1927 年春天被黄埔军校武汉分校录取，不久后党组织派她去莫斯科中山大学学习，1928 年冬天因疾病和身孕奉调回国，先后到宜昌、上海等处从事党的地下工作。她到达上海后不久，便和家人失去了联系……"

接下来的两年里，李坤杰寻找小妹迟迟未果。1952 年，川南行署撤销，李坤杰被调回了宜宾工作。

忽然有一天，同是宜宾人的郑秀石找上门来，交给了李坤杰一张泛黄的照片，并说："二姐，我是淑宁在宜宾女子中学时的好友，这张照片是淑宁在上海时留给我和妹妹郑奂如的，她要我们转交给你。"李坤杰看着照片中的女子端坐在藤椅上，气定神闲，怀里抱着一个一岁多的男孩子，泪水不由得模糊了双眼，她激动地说："没错，这就是幺妹，这就是幺妹！瞧她怀里抱的孩子多么可爱，眼睛那么大，那么有神！"

李坤杰连忙向郑秀石打听幺妹的下落，并给远在西安工作的郑奂如写信询问情况。据郑秀石姐妹说，在上海时，她们和李淑宁（李坤泰）经常见面，并帮忙带过孩子，但李淑宁离开上海后，彼此间就失去了消息。

后来几经周折，李坤杰联系到了时任中央机要处处长的陈琮英，她是陈达邦的妹妹，也就是李坤泰的小姑子。当时陈琮英也在寻找李坤泰，从陈琮英那里，李坤杰才知道妹夫陈达邦在中国人民银行工作，外甥陈掖贤，也就是宁儿，已经二十多岁了，在中国人民大学外交系读书。

一天，李坤杰突然收到外甥陈掖贤从北京写来的一封信——

姨妈：

我在 13 岁时就知道妈妈名叫李一超……后来，又听说妈妈是共产党员。1947 年，四姐陈志贤从北方到南京（我当时在南京）告诉我说，我妈妈叫赵大姐，是做过许多革命工作的（这是她在一个地下党员卢大姐处听来的）。

八叔（指陈达邦）和妈妈分手后就到法国去了，慈姑（指陈琮英）后来也和妈妈失去了联系（我到养父家还是慈姑和妈妈一起送去的）。他们也知道李一超同志曾用姓赵的化名，在东北牺牲。虽然也想到李一超同志可能就是赵一曼同志，但是找不到证据……

侄：陈掖贤上

电影《赵一曼》上映时，陈掖贤和父亲陈达邦也曾一起观看过，但当时他们也不知道赵一曼就是李坤泰（李一超）。不过，陈掖贤的这封来信，却让李坤杰悲喜交集，看见了希望。

转眼间到了1954年，这年元旦，四川省监察委员江子能要去北京开会，李坤杰和他是老乡，便托他到北京后代为打听李坤泰的下落。江子能在北京开完会后，时任国务院宗教事务局局长的老乡何成湘来看望他，他便提起了李坤杰寻找小妹李坤泰的事。

何成湘听后，不假思索地说："我正想找你说这事呢，电影《赵一曼》里面的主人公原型，就姓李，也是咱们四川人，当年在满洲省委工作时我还领导过她。"

江子能觉得赵一曼有可能就是李坤杰苦苦寻找的幺妹李坤泰，于是把李坤泰的情况详细说了一遍。何成湘问："有她的照片吗？"江子能说："听说有一张，我回去后让李坤杰寄给你。"

江子能回到四川宜宾后，立即把所了解到的情况告诉了李坤杰。李坤杰知道后万分激动,她流着泪说:"赵一曼?幺妹真的会是电影里的那个抗日英雄赵一曼吗?"为了确认,她很快把幺妹抱着孩子的那张照片寄给了何成湘。

几个月后,李坤杰收到了何成湘的回信:"坤杰同志:逸(一)超同志在哈尔滨工作时,我同她见面较多(我当时在中共满洲省委工作),派她到游击区工作时,还是我和她谈话后派去的。以后她在游击区的英勇斗争,引起了日寇的严重注意。她的活动曾轰动一时,'赵一曼'的声名大振……你寄来的照片很好,来信也好。但我希望你将一曼的情形再详细告诉我,以便介绍和宣传……"

为了彻底证实李坤泰就是赵一曼,何成湘还委托《工人日报》的记者拿着照片,到赵一曼曾战斗过的珠河地区采访查证。珠河地区曾见过赵一曼的老百姓看到照片后,纷纷说:"是她,是赵一曼。""瘦李!她就是瘦李!"曾任东北人民革命军第三军留守团政治部主任的雷炎说:"别看她人瘦小,胆子可真大!"

记者又走访了黑龙江省档案馆,在日伪档案中发现了一份份刑讯记录,以及一张泛黄的照片,照片中的赵一曼躺在病床上,面容憔悴,奄奄一息,她的容貌和记者手中那张照片中李坤泰的样貌是一样的。

至此终于可以断定,赵一曼就是出生于四川宜宾的李坤泰，是李坤杰苦苦寻找的幺妹！当李坤杰确认幺妹就是著名的抗日女英雄赵一曼时，既自豪又悲痛，忍不住痛哭起来。她在和幺妹失去联系二十多年后，终于又知道了幺妹的情况，只是阴阳两隔，再也无法相见了。

陈达邦知道妻子就是抗日英雄赵一曼后，心中百感交集，写下了一篇情深意笃的怀念文章《忆一曼》，这篇文章如今仍陈列在赵一曼纪念馆里。陈掖贤知道母亲的事迹后，更是痛苦不已，他用钢针在自己的左手臂刺上了"赵一曼"三个字，以表达对母亲无尽的思念之情。后来组织上通知陈掖贤去领母亲的烈士证和抚恤金时，他说："我知道我的母亲是赵一曼，就是我最大的安慰，我不要烈士证和抚恤金。"

陈掖贤结婚后有了两个女儿，陈红和陈明，也算是给了九泉之下的母亲赵一曼一点安慰。赵一曼的大孙女陈红应李坤杰的要求，在四川宜宾由李坤杰抚养长大，如今在四川某公司工作，处事低调，从不以烈士后代自居；小孙女陈明20世纪90年代后旅居国外，如今在国外经商，日子过得简单闲适。

至此，通过一部电影和一段寻亲历程，人们总算对抗日女英雄赵一曼的身前身后事了然于心了。

第二节　巾帼英雄美名传

一

　　抗日战争胜利后，哈尔滨市人民政府为了永久纪念赵一曼，于1947年7月7日将本市的山街改名为了一曼街。赵一曼与这条街有着非同一般的联系，因为她不仅在这条街上的老巴夺烟厂里从事过革命活动，而且1935年被捕后关押她的伪滨江省警务厅，就坐落在这条街上。

　　日本战败后，伪滨江省警务厅被改建为了东北烈士纪念馆。1948年10月，位于哈尔滨市南岗区一曼街上的东北烈士纪念馆正式开馆，馆里除了最基本的陈列"黑土英魂——东北抗日战争时期烈士事迹陈列"和"伪满哈尔滨警务厅遗址及罪恶展"外，还收藏有赵一曼生前用过的粗瓷大碗和她写给宁儿的信，以及赵尚志用过的枪、李兆麟牺牲时穿过的血衣、侵华日军"七三一部队"的细菌弹弹壳等许多珍贵的抗战文物，这些都是历史的见证。

　　东北烈士纪念馆开放后，周恩来总理曾做出重要指示："要把烈士纪念馆办好，广泛地宣传革命的历史和烈士们的英雄事迹，以教育人民"，他还书写了"革命先烈永垂不朽"的题词，如今这里仍是爱国教育的重要基地。

　　在东北烈士纪念馆不远处，就是一曼广场，一曼广场上竖立着一座赵一曼的青铜雕像。雕像塑造出的赵一曼，依稀是她当年在战场上奋勇杀敌的形象，只见她剪着齐耳短发，昂首挺胸，目视前方，腰里别着一把盒子枪，脸上透露出一股英武之气。她日夜注视着眼前曾经战斗过的这片土地，以及生活在这片土地上的人们。每天清晨，都会有许多人在来到一曼广场上，在她的雕像前晨练、读书……

　　在东北，与赵一曼有关的，除了东北烈士纪念馆外，抚顺战犯管理所也值得一提。这里曾关押过日本战犯大野泰治，他是残害过赵一曼的主要凶手。管理所的展厅内，有一张赵一曼的遗像，旁边配发有凶手大野泰治的照片。

　　日本战败投降后不久，解放战争爆发，大野泰治加入了阎锡山的军队。新中国成立后，大野泰治于 1950 年 12 月被捕，先是羁押在太原战犯管理所，后于 1956 年移交到了抚顺战犯管理所。

　　起初，大野泰治对残害赵一曼的罪恶事实拒不承认，时任全国政协副主席的彭真对此做出重要指示："对日本战犯的罪行要去查，

拼命去查，不惜一切代价去查。"于是，早先成立的"调查日本战犯罪行联合办公室"便派人前往东北等地，去寻找残害赵一曼的证据和证人，终于在山东找到了直接证人于义臣，他原是伪滨江省警务厅外事股的勤务员，曾亲眼见过大野泰治的暴行。

面对证人于义臣，大野泰治再也无法抵赖，终于交代了残害赵一曼的整个过程。此外，他还交出了一首一直保存着的诗《滨江抒怀》，这首诗是 1935 年赵一曼在病床上写的。在交出这首诗时，大野泰治立正后对着纸张行了个军礼，然后跪在地上哭着忏悔道："我一直崇敬赵一曼女士，她是真正的中国女子。作为一个军人，我愿意把最标准的军礼给我心目中的英雄，作为一个人，我愿意下跪求得赵女士灵魂的宽恕。"

1956 年 6 月 20 日，特别军事法庭在太原对大野泰治等日本战犯作出终审判决，大野泰治被判处有期徒刑十三年。后经过抚顺战犯管理所对日本战犯的劳动和思想改造，截至 1964 年，包括大野泰治在内的 900 多名日本战犯全部被分批次释放回国。

获释回国的日本战犯们当年就成立了"中国归还者联合会"，此后便一直致力于中日和平和友好工作。1988 年 10 月，归还者联合会向抚顺战犯管理所捐赠了一座六米多高的"向抗日殉难烈士谢罪碑"。

二

铭记历史，才不会重蹈历史的覆辙。铭记英雄，才不会轻易将历史遗忘。

电影《赵一曼》上映后，赵一曼的英勇事迹开始广为人知。后来随着赵一曼身世的进一步确认，在各种媒体的宣扬下，她的事迹先后被搬上舞台，载入课本，成了人们颂扬的典范，学习的楷模。

1960年，四川省宜宾市（当时叫宜宾专员公署）政府为了纪念家乡女英雄赵一曼，在城区美丽的翠屏山上修建了赵一曼烈士事迹陈列室，并在宜宾市白花镇成立了一曼中学（在尚志市也有一所一曼中学）。陈列馆后来改名为赵一曼纪念馆，1963年朱德视察宜宾时，亲自为纪念馆题写了馆名。

赵一曼纪念馆里有三个展厅和一个宜宾地方党史陈列室。在第一展厅里，陈列着党和国家重要领导人对赵一曼的题词。

朱德题词：革命英雄赵一曼烈士永垂不朽！

陈毅写诗赞曰：

> 生为人民干部，死为革命英雄。
>
> 临敌大节不辱，永记人民心中。

聂荣臻写道：赵一曼同志早在二十年代就参加了我党领

导的轰轰烈烈的革命斗争，并为民族解放献出了最宝贵的生命！表现了中华儿女的英雄气概和共产党员的高贵品质。她的伟大的英雄形象和光辉业绩永远激励着中华儿女坚韧不拔开拓前进，为全人类的解放奋斗不息！抗日英雄赵一曼烈士永垂不朽！

陈云题词：抗日英雄赵一曼革命精神不死！

宋庆龄女士题词：赵一曼烈士为抗日坚贞不屈！

何香凝女士题词称赵一曼是"女中模范"。

郭沫若写了一首《宜宾题诗》，来表达对赵一曼的缅怀：

蜀中巾帼富英雄，石柱犹存良玉踪。

四海今歌赵一曼，万民永忆女先锋。

青春换得江山壮，碧血染将天地红。

东北西南齐仰首，珠河亿载漾东风。

这首诗中的"良玉"是指明朝末年战功卓著的女将军秦良玉。秦良玉也是四川人，她征战沙场四十余年，在讨伐叛逆、抗击外族入侵等战事中屡立奇功，官至四川总兵官、一品诰命夫人，是中国历史上唯一单独载入正史将相列传的巾帼英雄，也是唯一凭战功封侯的女将军。郭沫若将赵一曼和秦良玉相提并论，可见评价是很高的。

开国元勋董必武也写了一首长诗来赞美赵一曼：革命潮声

杂鼓鼙，宜宾儿女动深闺。焉能照旧营生活？奋起从军弁易笄。北伐旗开胜未终，叛徒决策反工农。招来日寇山东阻，民族危机迫再逢。北去南来党命御，不因负病卸仔肩。工农解放须参与，抗日矛头应在先。抗倭未胜竟成俘，不屈严刑骂寇仇。自是中华好儿女，珠河血迹史千秋。

董必武的诗简要叙述了赵一曼的革命和抗战历程，大概意思是：革命的浪潮袭来时，惊醒了深闺中的赵一曼。已经觉醒了的她，放弃大家闺秀的生活，从军走向了战场。她参加了北伐战争，可就在北伐战争节节胜利时，却遭到了反动派的镇压。不久后日军侵华，在民族存亡之际，她不顾病痛肩负起了抗日救国的重任。受党委派，她南来北往，四处奔走，不仅参与工农解放斗争，而且奋勇杀敌，抗击日寇。不幸抗战还未胜利，她就被俘了，被俘后面对敌人的严刑拷打，她痛骂鬼子，毫不屈服。这真是中华民族的好儿女啊，珠河的血泪史上她将名垂千古。

党和国家领导人的这些题词意义重大，不仅赞扬了赵一曼烈士彪炳千秋的浩然正气，而且对后人具有极强的垂范和教育作用。

1986 年 8 月 2 日，在赵一曼牺牲五十周年纪念日，赵一曼的汉白玉雕像在宜宾纪念馆落成；1996 年，中央电视台摄制了纪录片《巾帼英雄——赵一曼》；次年 6 月，赵一曼纪念馆被定为爱国主义教育示范基地；2010 年，由中央宣传部、中央党史研究室、全国总工会和全国妇联等 11 个部门组织的"100 位为新中国成立作出突出贡献的英雄模范人物"评选活动中，赵一曼名列其中。

　　虽然时代在不断变迁，但人们对革命英雄的敬仰之情是永远不会变的。曾几何时，赵一曼纪念馆又新增了《一曼赋》石碑雕刻，就像赋中写的"国富民强，当笑慰先烈；凤舞龙腾，有奋起后生"和"腾三江银浪，听一曼赞歌永颂万古千秋"一样，只要赵一曼的精神在，就永远会有人追随她，颂扬她的事迹。